Contabilidade
financeira

Central de Qualidade — FGV Management
ouvidoria@fgv.br

PUBLICAÇÕES
FGV Management

SÉRIE GESTÃO FINANCEIRA, CONTROLADORIA E AUDITORIA

Contabilidade financeira

3ª edição

Átimo de Souza Coutinho

Claudio de Carvalho Mattos

Paulo Henrique Lopes da Fonseca

Zuinglio José Barroso Braga

FGV | EDITORA IDE

Copyright © 2014 Átimo de Souza Coutinho, Claudio de Carvalho Mattos, Paulo Henrique Lopes da Fonseca, Zuinglio José Barroso Braga

Direitos desta edição reservados à
EDITORA FGV
Rua Jornalista Orlando Dantas, 37
22231-010 — Rio de Janeiro, RJ — Brasil
Tels.: 0800-021-7777 — (21) 3799-4427
Fax: (21) 3799-4430
e-mail: editora@fgv.br — pedidoseditora@fgv.br
web site: www.fgv.br/editora

Impresso no Brasil / *Printed in Brazil*

Todos os direitos reservados. A reprodução não autorizada desta publicação, no todo ou em parte, constitui violação do copyright (Lei nº 9.610/98).

Os conceitos emitidos neste livro são de inteira responsabilidade dos autores.

1ª edição — 2008; 2ª edição — 2010; 3ª edição — 2014; 1ª reimpressão — 2015; 2ª reimpressão — 2016; 3ª reimpressão — 2018.

Revisão de originais: Sandra Frank
Editoração eletrônica: FA Editoração
Revisão: Fatima Caroni e Jun Shimada
Capa: aspecto:design
Ilustração de capa: André Bethlem

    Coutinho, Átimo de Souza
        Contabilidade financeira / Átimo de Souza Coutinho...[et al.]. — 3.ed. — Rio de Janeiro : Editora FGV, 2014.
        148 p. — (Gestão financeira, controladoria e auditoria (FGV Management))

        Em colaboração com: Claudio de Carvalho Mattos, Paulo Henrique Lopes da Fonseca, Zuinglio José Barroso Braga.
    Publicações FGV Management.
    Inclui bibliografia.
    ISBN: 978-85-225-1530-1

    1. Administração financeira. 2. Contabilidade. I. Carvalho, Claudio de. II. Fonseca, Paulo Henrique Lopes da. III. Braga, Zuinglio José Barroso. IV. FGV Management. V. Fundação Getulio Vargas. VI. Título. VII. Série.

                                              CDD — 657

*Aos nossos alunos e aos nossos colegas docentes,
que nos levam a pensar e a repensar nossas práticas.*

Sumário

Apresentação   9

Introdução   13

1 | **Conceitos fundamentais de contabilidade**   15
Aspectos históricos   15
A necessidade da informação contábil   16
Paradigmas empresariais   18
Estrutura (framework) conceitual básica da
   contabilidade   22
Elaboração das demonstrações contábeis: relatórios   30
Escrituração contábil   39

2 | **Os principais relatórios contábeis**   53
O balanço patrimonial (BP)   53
O patrimônio líquido   62
Os conceitos de receitas, gastos, despesas, custos,
   perdas e investimentos   70

Demonstração do resultado do exercício (DRE) 72
Demonstração de lucros ou prejuízos acumulados (DLPA) 80
Demonstração das mutações do patrimônio líquido (DMPL) 85

3 | **Demonstração dos fluxos de caixa e demonstração do valor adicionado** 89
Demonstração dos fluxos de caixa (DFC) 89
Demonstração do valor adicionado (DVA) 100

4 | **Tópicos especiais** 107
Estoques: métodos de valoração e efeitos sobre o resultado 107
Reduções no valor do ativo não circulante 115
O resultado financeiro: receitas financeiras versus despesas financeiras 124
Provisão, passivo contingente e ativo contingente 129
Ativos biológicos e produtos agrícolas 131
Apropriação pro rata temporis 132
Integração do balanço patrimonial com as demais demonstrações contábeis 134

Conclusão 141

Referências 143

Os autores 147

Apresentação

Este livro compõe as Publicações FGV Management, programa de educação continuada da Fundação Getulio Vargas (FGV).

A FGV é uma instituição de direito privado, com mais de meio século de existência, gerando conhecimento por meio da pesquisa, transmitindo informações e formando habilidades por meio da educação, prestando assistência técnica às organizações e contribuindo para um Brasil sustentável e competitivo no cenário internacional.

A estrutura acadêmica da FGV é composta por nove escolas e institutos, a saber: Escola Brasileira de Administração Pública e de Empresas (Ebape), dirigida pelo professor Flavio Carvalho de Vasconcelos; Escola de Administração de Empresas de São Paulo (Eaesp), dirigida pela professora Maria Tereza Leme Fleury; Escola de Pós-Graduação em Economia (EPGE), dirigida pelo professor Rubens Penha Cysne; Centro de Pesquisa e Documentação de História Contemporânea do Brasil (Cpdoc), dirigido pelo professor Celso Castro; Escola de Direito de São Paulo (Direito GV), dirigida pelo professor Oscar Vilhena Vieira; Escola de Direito do Rio de Janeiro

(Direito Rio), dirigida pelo professor Joaquim Falcão; Escola de Economia de São Paulo (Eesp), dirigida pelo professor Yoshiaki Nakano; Instituto Brasileiro de Economia (Ibre), dirigido pelo professor Luiz Guilherme Schymura de Oliveira; e Escola de Matemática Aplicada (Emap), dirigida pela professora Maria Izabel Tavares Gramacho. São diversas unidades com a marca FGV, trabalhando com a mesma filosofia: gerar e disseminar o conhecimento pelo país.

Dentro de suas áreas específicas de conhecimento, cada escola é responsável pela criação e elaboração dos cursos oferecidos pelo Instituto de Desenvolvimento Educacional (IDE), criado em 2003, com o objetivo de coordenar e gerenciar uma rede de distribuição única para os produtos e serviços educacionais produzidos pela FGV por meio de suas escolas. Dirigido pelo professor Rubens Mario Alberto Wachholz, o IDE conta com a Direção de Gestão Acadêmica pela professora Maria Alice da Justa Lemos, com a Direção da Rede Management pelo professor Mário Couto Soares Pinto, com a Direção dos Cursos Corporativos pelo professor Luiz Ernesto Migliora, com a Direção dos Núcleos MGM Brasília e Rio de Janeiro pelo professor Silvio Roberto Badenes de Gouvea, com a Direção do Núcleo MGM São Paulo pelo professor Paulo Mattos de Lemos, com a Direção das Soluções Educacionais pela professora Mary Kimiko Magalhães Guimarães Murashima, e com a Direção dos Serviços Compartilhados pelo professor Gerson Lachtermacher. O IDE engloba o programa FGV Management e sua rede conveniada, distribuída em todo o país, e, por meio de seus programas, desenvolve soluções em educação presencial e a distância e em treinamento corporativo customizado, prestando apoio efetivo à rede FGV, de acordo com os padrões de excelência da instituição.

Este livro representa mais um esforço da FGV em socializar seu aprendizado e suas conquistas. Ele é escrito por professores do FGV Management, profissionais de reconhecida competência acadêmica e prática, o que torna possível atender às demandas do mercado, tendo como suporte sólida fundamentação teórica.

A FGV espera, com mais essa iniciativa, oferecer a estudantes, gestores, técnicos e a todos aqueles que têm internalizado o conceito de educação continuada, tão relevante na era do conhecimento na qual se vive, insumos que, agregados às suas práticas, possam contribuir para sua especialização, atualização e aperfeiçoamento.

Rubens Mario Alberto Wachholz
Diretor do Instituto de Desenvolvimento Educacional

Sylvia Constant Vergara
Coordenadora das Publicações FGV Management

Introdução

O objetivo deste livro é mostrar o papel fundamental da contabilidade como um sistema de geração de informações para o processo decisório da empresa. Em um mundo cada vez mais competitivo, no qual a velocidade em que as informações são geradas e distribuídas é cada vez maior, ter um sistema de informações contábeis e saber interpretar e analisar as informações desse sistema são requisitos fundamentais para o sucesso de uma empresa, traduzido por vantagens competitivas, eficiente gestão de seus recursos e, consequentemente, a manutenção de sua existência em mercados altamente competitivos e globalizados.

O livro está dividido em quatro capítulos. O primeiro apresenta a base da ciência contábil por intermédio de seus princípios e principais relatórios. São mostrados a importância da informação contábil e os paradigmas de uma gestão eficiente e eficaz.

O segundo capítulo aborda relatórios contábeis, instrumentos de geração das informações acerca da situação patrimonial da empresa em determinado momento, bem como de sua evolução patrimonial. Para tanto, são apresentados o balanço patrimonial e a demonstração do resultado do exercício, bem como a lógica de suas formações e os significados de seus componentes.

O terceiro capítulo trata das demonstrações de caráter financeiro, ou seja, aquelas relacionadas à liquidez da empresa e as novas demonstrações a serem adotadas, tendo em vista a necessidade de um aperfeiçoamento da apresentação da informação contábil ao seu público-alvo.

No quarto capítulo, são analisados os chamados tópicos especiais, ou seja, itens que possuem grande influência na evolução patrimonial de uma empresa. Dessa forma, são abordados o tratamento contábil dispensado a esses tópicos e suas consequências no patrimônio da empresa.

Concluindo, podemos afirmar que a informação contábil útil, adequada, correta e tempestivamente gerada é requisito básico da gestão eficaz. Desse modo, ao longo deste livro, procuramos apresentar os conceitos fundamentais, os principais relatórios contábeis e como usar as informações oriundas desses relatórios, base de um eficiente processo de tomada de decisões.

Os assuntos abordados nesta edição já contemplam as alterações conceituais e estruturais impostas recentemente pela legislação brasileira, particularmente pelas leis nº 11.638/2007 e nº 11.941/2009 e pelos pronunciamentos pertinentes emitidos, até o fechamento desta edição, pelo Comitê de Pronunciamentos Contábeis (CPC). Havendo novas alterações, estas serão incluídas na próxima edição.

1

Conceitos fundamentais de contabilidade

A compreensão da contabilidade como instrumento de controle patrimonial e apoio ao processo de decisão passa inevitavelmente pelo estudo de conceitos fundamentais. Neste capítulo, são estudados a necessidade da informação contábil, os paradigmas que permeiam a atividade empresarial e a estrutura conceitual básica que norteia todos os procedimentos para registro dos fatos contábeis.

Aspectos históricos

A história da contabilidade nos remete aos primórdios da civilização e está fortemente relacionada às necessidades sociais de proteção à posse e de perpetuação de meios materiais. Com a fixação do homem à terra e sua consequente exploração para a criação da riqueza individual, surge o senso de propriedade. Com a morte do "proprietário", a riqueza a ser herdada passou a se chamar patrimônio, termo que se generalizou para qualquer conjunto de valores.

Com o aparecimento e incremento das atividades de troca e venda de mercadorias realizadas pelos comerciantes, surgiu a necessidade do acompanhamento das variações de seus bens quando cada transação era efetuada e dos registros do comércio. À medida que o volume das transações aumentava, o mesmo acontecia com a quantidade de valores. As informações não eram de fácil memorização quando já em maior volume, requerendo registros.

As operações comerciais se tornaram mais complexas e seu controle ficou mais exigente e detalhado. Surgiram os conceitos de caixa, rendas, lucros, receitas e despesas. No século XV, temos a difusão do sistema de partidas dobradas, que passa a ser a base da formação das regras de negócio de todo e qualquer sistema contábil

No Brasil, a vinda da família real portuguesa e a abertura dos portos incrementaram a atividade comercial. Naquele momento, o Brasil passou a estruturar um sistema de arrecadação de impostos que exigia mais intensamente o controle patrimonial das atividades comerciais.

A necessidade da informação contábil

Derivadas de um comportamento empresarial incipiente, as informações contábeis ainda sofrem a interferência de uma cultura nociva: *Quanto é que você quer que dê?* O negócio ou empreendimento, quando iniciado, carrega esse modelo. O escopo maior é a prática da "elisão fiscal", que, revestida de informalidade, incentiva a pagar menos ou, preferencialmente, não pagar os impostos incidentes sobre o lucro.

Com essa postura somada à ausência de vocação para o empreendedorismo e à inexperiência no negócio, são mínimas as chances de sucesso do empreendimento. O antídoto para esses riscos é colocar em prática um fluxo de informações que mostre preventivamente as dificuldades à frente, com tempo hábil para que sejam solucionadas.

Outro ponto fundamental para vencer as adversidades é a conquista do equilíbrio financeiro, destacando-se a formação de um banco de dados que permita formar o preço dos produtos e serviços. Essa prática exige quantidade analítica mínima de informações que permita maior compreensão e comprometimento com o negócio. Cenários macroeconômicos devem ser previstos e adotados, simulando as informações na aproximação das metas estabelecidas. Nesse ambiente, mais uma vez, a presença do risco induz o empreendedor a tomar um caminho mais curto, optando pela prática da elisão fiscal como tábua de salvação.

Não cabe aqui nenhuma apologia à sonegação fiscal, mesmo porque a mencionada elisão fiscal deriva de procedimentos legais na tentativa de reduzir a carga tributária, entendida por "planejamento fiscal". A renúncia e a aversão ao risco criam um sentimento que vicia a tomada de decisão, transformando a gestão em algo quase que empírico. Por outro lado, a presença da vocação na condução dos negócios, se traduz em uma eficiente e eficaz tomada de decisão na promoção da sobrevivência e do crescimento do próprio negócio.

É com esse objetivo, e na tentativa de proporcionar maior entendimento e organização na gestão, que apresentamos os conceitos intrínsecos em quatro paradigmas, que, se observados e praticados, permitirão alcançar resultados desejados.

Paradigmas empresariais

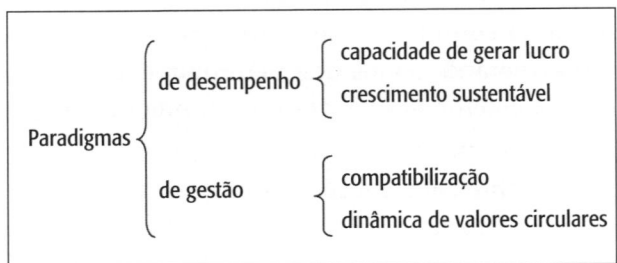

Figura 1
OS PARADIGMAS EMPRESARIAIS

Paradigmas de desempenho

Capacidade de gerar lucro

Esse paradigma, classificado como de desempenho, estabelece a capacidade de geração de lucro, apresentando uma relação da taxa interna de retorno (TIR) maior que o custo de capital aportado.

De maneira a tornar a exposição clara, tomamos por base a fase pré-operacional, isto é, o início das atividades de um empreendimento.

Os investidores, acionistas ou empreendedores, após alguns estudos entre as metodologias existentes, avaliam alternativas de investimentos, decidindo aportar seus recursos no início de uma atividade econômica. Como prioridades, têm-se a vocação para os negócios e, em seguida, a obtenção da remuneração desejada do capital investido.

A empresa recém-constituída ou em fase de implementação investe seus recursos, agora considerados próprios, na atividade econômica: capital circulante e investimentos fixos. Para a empresa, os recursos originários dos investidores e/ou acionistas possuem um custo chamado de custo do capital.

Para eles, investidores, é a remuneração desejada em função da alternativa escolhida.

Concluindo, estabelece que a taxa interna de retorno (TIR) deve ser maior do que o custo do capital para que esse paradigma seja considerado verdadeiro e legitimado. Quando alcançada, superando a taxa desejada e mantida essa condição na atividade econômica, elege-se o empreendimento como gerador pleno de lucros.

Crescimento sustentável

Para se tornar blindada às crises internas e externas, a gestão empresarial deve praticar o crescimento sustentável. Esse paradigma estabelece a prática de reinvestir a maior parte possível do lucro gerado pela empresa em sua própria atividade.

A política empresarial nociva ao empreendimento, nesse aspecto, sinaliza pela retirada em prol da satisfação pessoal do investidor, contribuindo para a desestabilização financeira. Distribuir desregradamente o lucro gerado é pouco recomendável. Pode-se estabelecer um salário a título de retirada mensal pela dedicação executiva e, ao final de cada exercício, distribuir dividendos a título de remuneração do capital investido. Reinvestir esse lucro na expansão dos negócios contribui para o crescimento econômico com maior produtividade, para a manutenção do negócio, e permite a prática de uma visão de longo prazo.

Paradigmas de gestão

Compatibilização

O equilíbrio financeiro acontece quando se pratica o paradigma da compatibilização, isto é, compatibilizar os prazos dos recursos com os prazos dos investimentos. Assim, os recursos de terceiros de curto prazo, também conhecidos como de funcionamento e financiamento, financiam prioritariamente as aplicações de recursos circulantes, tais como: manutenção de liquidez, vendas a prazo e estoques.

Os recursos de terceiros de longo prazo devem financiar a expansão e o crescimento, ou seja, os investimentos em bens de capital, infraestrutura, desenvolvimento e tecnologia. Em casos especiais, podem financiar coligadas ou controladas por meio de adiantamentos para futuro aumento de capital (Afac) da controladora e operações de mútuo (empréstimo de dinheiro) entre partes relacionadas.

Esse paradigma, quando praticado, reflete-se no equilíbrio do fluxo de caixa, com relevância à paridade de encargos financeiros se comparados com a taxa de retorno dos investimentos, e traduz a prática de elaboração de projetos de investimentos que visem ampliar a capacidade instalada de produção, comercialização e serviços. Tais projetos consideram uma participação de recursos próprios da empresa como contrapartida aos recursos de instituições credoras ou de investidores.

Dinâmica de valores circulantes

A dinâmica de valores circulantes reúne dois fatores derivados dos paradigmas anteriores: a capacidade de gerar lucro e o crescimento sustentável.

Esse paradigma estabelece a relação entre força de demanda, vendas e lucro gerado por essa força, isto é: quanto maior a rotação dos valores circulantes, maior o retorno dos recursos neles investidos.

Exemplificando:

Prazo	Giro mensal	Lucro mensal
30 dias	1 vez	$ 50,00
15 dias	2 vezes	$ 100,00
10 dias	3 vezes	$ 150,00
5 dias	6 vezes	$ 300,00

Observa-se que, à medida que o mercado é estimulado, as vendas aumentam, imprimindo maior velocidade aos estoques, aumentando o giro e alavancando o lucro gerado no negócio.

Logo, o paradigma da dinâmica de valores circulantes estabelece que, quanto maior o giro dos valores circulantes (disponibilidades, estoques e duplicatas a receber), maior o retorno dos recursos neles investidos.

Esse paradigma ressalta a importância de observar o comportamento volátil do ciclo operacional, adequado às formas de negociação de clientes com fornecedores:

a) vendas à vista para compra à vista;
b) vendas à vista para compras a prazo;
c) vendas a prazo para compras à vista;
d) venda a prazo para compras a prazo.

As formas nem sempre são escolhidas aleatoriamente ou conforme a conveniência do gestor. A preferência recai na segunda forma, restaurando a liquidez e permitindo equilibrar o "fluxo de caixa".

A interpretação e utilização de todas as informações contábeis devem ser precedidas do conhecimento de todos os conceitos e princípios que fundamentam o registro dos fatos contábeis, com o objetivo de obter o melhor resultado, como veremos a seguir.

Estrutura (framework) conceitual básica da contabilidade

A contabilidade é, objetivamente, um sistema de informação e avaliação destinado a prover seus usuários com demonstrações e análises de natureza econômica, financeira e de produtividade com relação à entidade objeto de contabilização.

Conceitua-se como usuário toda pessoa física ou jurídica que tenha interesse na avaliação da situação e do progresso de determinada entidade, seja tal entidade empresa, ente de finalidade não lucrativa ou mesmo de patrimônio familiar.

Contabilidade financeira

É a contabilidade geral, necessária a todas as empresas. Fornece informações básicas aos seus usuários e é obrigatória para fins fiscais. De acordo com a área ou atividade em que é aplicada, pode receber várias denominações: contabilidade agrícola (aplicada às empresas agrícolas), contabilidade bancária (aplicada aos bancos), contabilidade comercial (aplicada às empresas comerciais), contabilidade hospitalar (aplicada aos hospitais), contabilidade industrial (aplicada às indústrias), e mais: contabilidade imobiliária, contabilidade pastoril, contabilidade pública, contabilidade de seguros etc.

Os usuários da informação contábil (stakeholders)

As demonstrações contábeis são elaboradas com foco nos usuários externos, conforme conceitual básico emitido pelo Comitê de Pronunciamentos Contábeis (CPC), para atendimento de suas mais diversas necessidades. Esses usuários da contabilidade são os administradores, investidores, fornecedores de bens e serviços a crédito, bancos, governos, sindicatos e outros interessados, como a seguir:

- *administradores* – frequentemente os responsáveis pela administração estão tomando decisões, quase todas importantes, vitais para o sucesso do negócio. Por isso, necessitam de dados, de informações corretas, de subsídios que contribuam para uma tomada de decisão adequada a respeito de fatos como contrair uma dívida de longo ou curto prazo, valor da dívida, volume de recursos imobilizados, entre outros. A contabilidade é o grande instrumento que auxilia a administração de todos os níveis a tomar decisões. Na verdade, ela coleta todos os dados econômicos, mensurando-os monetariamente, registrando-os e sumariando-os em forma de relatórios ou de comunicados, que contribuem sobremaneira para a tomada de decisões;
- *investidores* – é por meio dos relatórios contábeis que se identifica a situação econômico-financeira da empresa. Dessa forma, o investidor tem à mão os elementos necessários para decidir sobre as melhores alternativas de investimentos. Os relatórios evidenciam a capacidade de a empresa gerar lucros e fornecem outras informações;
- *fornecedores de bens e serviços a crédito* – usam os relatórios para analisar a capacidade de pagamento da empresa compradora;
- *bancos* – utilizam os relatórios para aprovar empréstimos, limites de crédito, projetos de investimentos etc., exercendo seu papel de intermediador financeiro;
- *governo* – não só usa os relatórios com a finalidade de arrecadação de impostos, como também para dados estatísticos, no sentido de melhor redimensionar a economia (IBGE, por exemplo) e viabilizar projetos de investimentos produtivos e sociais;
- *sindicatos* – utilizam os relatórios para determinar a produtividade do setor, fator preponderante para reajustes de salários;

❏ *outros interessados* – funcionários, órgãos de classe, pessoas e diversos institutos, como os conselhos regionais de contabilidade e outros.

Premissa subjacente (underlying premise): continuidade

O conceito da continuidade é considerado ambiental, pois se refere ao ambiente no qual a empresa realiza suas operações (comerciais, industriais, financeiras etc.). As demonstrações contábeis normalmente são elaboradas tendo como premissa que a entidade está em movimento/em marcha (*going concern*). Portanto, parte-se da premissa de que a empresa vai operar por um período indeterminado.

De acordo com o princípio da continuidade, por exemplo, os ativos são registrados a valores de entrada. Caso haja alguma evidência de ameaça (prejuízos consecutivos e significativos, perda de mercado etc.) à continuidade da empresa, esse fato deverá ser informado, principalmente pelos contadores e auditores, e seus ativos serão avaliados a valores de realização.

Características qualitativas da informação contábil-financeira útil

As características qualitativas representam itens importantes a serem observados na construção da informação contábil, para que ela seja considerada útil no processo de decisão por parte dos usuários. A "Estrutura conceitual para a elaboração e divulgação de relatório contábil-financeiro" CPC 00 (R1), elaborada pelo CPC, apoia tecnicamente o estabelecimento quanto a essas características. A citada estrutura conceitual não é um pronunciamento técnico e, em alguns casos, pode haver conflito com os pronunciamentos. O próprio CPC 00 (R1), em sua parte introdutória, define que:

Pode haver um número limitado de casos em que seja observado um conflito entre esta Estrutura Conceitual e um Pronunciamento Técnico, uma Interpretação ou uma Orientação. Nesses casos, as exigências do Pronunciamento Técnico, da Interpretação ou da Orientação específicos devem prevalecer sobre esta Estrutura Conceitual (CPC, 2011b).

As características qualitativas são classificadas em:

❑ fundamentais;
❑ de melhoria.

São características qualitativas fundamentais:

❑ relevância – diz respeito ao fato de a informação ser importante para a decisão do usuário. Tal importância se apresenta tanto no que diz respeito à necessidade de prever o futuro para a tomada de decisão quanto na confirmação de previsões feitas no passado. Deve haver especial atenção para com o aperfeiçoamento dos métodos utilizados pelos usuários em seus modelos de previsão. Como exemplo, o volume anual de despesas financeiras (juros incorridos pela utlização de empréstimos) apresentadas por uma empresa serve de base para projeção de resultados no futuro próximo, mas também pode ser utilizado para confirmar as previsões desses valores feitas em períodos anteriores;
❑ materialidade – deve ser vista como a medida na qual a omissão ou erro de divulgação (distorção) pode influenciar a decisão dos usuários. Representa uma medida particular de relevância. Essa característica se reveste de alto grau de subjetividade e terá seu nível necessário estabelecido em cada situação em particular. Por exemplo, um detalhamento maior ou menor dos estoques da empresa em função da sua natureza pode atingir em maior ou menor grau a decisão do usuário;

- representação fidedigna – o registro dos fatos contábeis deve representar a realidade de forma fidedigna. Para que isso aconteça, a informação deve ser completa, neutra e livre de erro:
  - completa – os fatos devem ser retratados com todas as informações necessárias aos seus registros e compreensão. Como exemplo, ao retratar os estoques de uma indústria, a descrição detalhada dos itens que o compõem e a intenção e o prazo previsto de utlização desses estoques são informações fundamentais;
  - neutra – a informação produzida não deve conter qualquer forma de tendência de opinião ou juízo de valor. A formação da opinião é de competência exclusiva dos usuários e não de quem produz a informação. Assim, ao retratar uma operação de aquisição de participações societárias de uma determinada empresa, a informação não deverá conter a opinião da alta administração, mas tão somente o detalhamento e as explicações a respeito dos motivos que levaram ao fato;
  - livre de erro – nesse caso, não é a exatidão, por vezes inalcançável, o objetivo. O importante é que o processo de produção garanta a qualidade da informação, sendo esta livre de erros ou omissões relevantes. Por exemplo, em casos clássicos de estimativas de valor futuro de alguns ativos, não há a possibilidade de trabalhar com exatidão. Entretanto, busca-se garantir que a produção da informação utilize a melhor metodologia para assegurar que não houve erros ou omissões que possam comprometer a informação e, consequentemente, a decisão do usuário a respeito do retorno de seu investimento.

São características qualitativas de melhoria:

- comparabilidade – as informações contábeis devem ser passíveis de comparação não somente ao longo do tempo – o que permite a visualização de tendências de evolução patrimonial – mas também em relação a outras empresas que exercem atividades de mesma natureza – possibilitando uma visão melhor do posicionamento da empresa no mercado em que atua. Tal característica qualitativa não deve ser confundida com o total engessamento ou imutabilidade das práticas contábeis adotadas. Sempre que a empresa estiver diante de uma prática que seja permitida por lei e abarcada pelas normas contábeis, deve-se modificar o procedimento até então adotado, tendo em vista a geração de informação com melhor qualidade. A consistência, que significa manter os mesmos métodos e formas de produção da informação contábil, é elemento fundamental para obter comparabilidade. Vejamos o exemplo em que uma empresa que adote o método Peps – primeiro que entra, primeiro que sai – na valoração dos seus estoques possa e deva modificar, seguindo os requisitos legais, o método adotado, caso vislumbre uma melhor informação utilizando o custo médio ponderado (CMP);

❑ verificabilidade – as informações contábeis de uma empresa são verificáveis quando são passíveis de reprodução, de modo que, utilizando os mesmos registros, direta ou indiretamente, e partindo das mesmas premissas, um usuário independente possa chegar aos mesmos valores. Assim, deve haver consenso sobre a informação por parte de diferentes interessados. Verificabilidade não representa a veracidade que a informação oferece, mas o grau de certeza de obtê-la utilizando os mesmos dados. Um bom exemplo é o resultado apresentado por uma empresa. De forma simplificada, supondo que nas informações apresentadas as receitas em determinado período foram de R$ 100 mil e suas despesas operacionais de R$ 70 mil, o resultado deve ser um lucro de R$ 30 mil. O aspecto matemático é plenamente verificável, embora as informações de valores de receitas e despesas possam estar incorretas;

❑ tempestividade – deve ser considerado o aspecto de tempestividade na divulgação das informações (o momento adequado), uma vez que a demora injustificável ou a antecipação exagerada nessa divulgação pode comprometer definitivamente a utilidade da informação para os usuários. No caso de haver demora indevida na divulgação de uma informação, é possível que ela perca a relevância. Ao contrário, se, para divulgar a informação, a entidade aguardar até que todos os aspectos se tornem conhecidos, a informação será mais confiável, mas, talvez, de pouca utilidade para os usuários que tiveram de tomar decisões nesse período. Atrasos na publicação dos relatórios contábeis de empresas que têm suas ações negociadas no mercado aberto (bolsa de valores) podem representar casos típicos em que a tempestividade da informação é atingida negativamente;

❑ compreensibilidade – uma qualidade essencial das informações apresentadas nas demonstrações contábeis é a de que elas sejam prontamente entendidas pelos usuários. Para esse fim, presume-se que os usuários tenham um conhecimento razoável dos negócios, atividades econômicas e contabilidade, além da disposição de estudar as informações com razoável diligência. Todavia, informações sobre assuntos complexos que devam ser registrados por conta de sua relevância para a tomada de decisão pelos usuários não devem ser excluídas em nenhuma hipótese, principalmente porque seria difícil para certos usuários entender tais informações. Assim, como exemplo, o reconhecimento de perdas pela não recuperação de ativos de vida longa pode ser um procedimento de difícil entendimento para leigos em contabilidade. Entretanto, a eventual dificuldade de interpretação dessa perda não deve ser motivo para seu não reconhecimento. O administrador deve julgar o que deve descrever em notas explicativas (complemento das demonstrações) para torná-las o mais compreensíveis possível para os usuários.

Finalmente, com relação às características qualitativas, deve-se perseguir um equilíbrio adequado, evitando privilegiar uma ou mais características em detrimento de outras. Evidentemente, a relação entre o custo e o benefício de produção e divulgação de uma informação deve ser observada. O benefício trazido pela informação deve ser maior do que o custo de produzi-la.

A seguir, o quadro 1 apresenta um resumo das características qualitativas explicitadas:

Quadro 1
RESUMO DAS CARACTERÍSTICAS QUALITATIVAS

Grupo	Componentes	Descrição
Fundamentais	Relevância	Influência da informação na tomada de decisão.
	Materialidade	Medida da influência que erros e omissões na informação exercem sobre a decisão do usuário.
	Representação fidedigna	Informação completa, neutra e livre de erros.
De melhoria	Comparabilidade	Comparação ao longo do tempo e no mercado.
	Verificabilidade	Informação passível de reprodução por usuários independentes e consenso sobre a realidade.
	Compreensibilidade	Pronto entendimento da informação pelo usuário.
	Tempestividade	O momento adequado para divulgação da informação deve ser observado.
Limitações	Relação entre custo/benefício	Os benefícios devem ser maiores que os custos de geração da informação.
	Equilíbrio entre características	Todas as características são importantes.

Elaboração das demonstrações contábeis: relatórios

Relatórios contábeis

Apresentados de forma ordenada, resumida e periódica, os relatórios contábeis serão utilizados pelos diversos grupos de usuários para a tomada de decisão. Pode-se citar como exemplo o usuário investidor cujo interesse nos relatórios é poder avaliar a política de distribuição de dividendos de uma determinada empresa. Caso tal política seja favorável, esse investidor poderá optar pela aquisição de ações (a ação representa a menor fração do capital) da empresa.

Os relatórios contábeis podem ser divididos em dois grupos, a saber:

a) relatórios obrigatórios;
b) relatórios não obrigatórios.

Relatórios contábeis obrigatórios

Os relatórios contábeis obrigatórios para publicação, conforme legislação em vigor em 2013, são:

a) balanço patrimonial;
b) demonstração do resultado do exercício;
c) demonstração de lucros ou prejuízos acumulados;
d) demonstração dos fluxos de caixa;
e) demonstração do valor adicionado.

Ao final de cada exercício social, a diretoria fará elaborar os relatórios acima, com base na escrituração contábil da empresa, e os publicará no órgão oficial da União, do estado ou do Distrito Federal e em outro jornal de grande circulação no local onde se localiza a sede da empresa.

Conforme art. 175 da Lei das Sociedades por Ações, o exercício social terá a duração de um ano e a data do término será fixada no estatuto. Isso não quer dizer que deverá obrigatoriamente coincidir com o ano civil, que corresponde ao período de janeiro a dezembro, embora na maioria das vezes seja coincidente. Para efeito de apuração do imposto de renda, o exercício social deverá coincidir com o ano civil.

As sociedades por cota de responsabilidade limitada a princípio não são obrigadas a publicar seus relatórios contábeis, porém devem elaborar as principais demonstrações. Cabe ressaltar que, a partir de 28 de dezembro de 2007, em função de modificações introduzidas pela Lei nº 11.638, pronunciamentos e normas técnicas posteriores, muitos procedimentos foram estendidos para todas as empresas.

Relatórios contábeis não obrigatórios

Os relatórios contábeis não obrigatórios, apesar de não serem exigidos por lei (confecção/publicação), não são menos importantes. Apresentam informações complementares úteis aos gestores e a outros usuários e interessados, que as utilizam em suas decisões para que possam gerir bem o negócio. Um exemplo é o orçamento de capital (investimentos ou Capex) previsto para os próximos exercícios de operação da empresa.

Notas explicativas

Um dos grandes desafios da contabilidade, relativo à evidenciação, tem sido o dimensionamento da qualidade de informações que atendam às necessidades dos usuários das demonstrações financeiras em determinado momento.

As notas explicativas, informações complementares às demonstrações contábeis e elemento integrante das mesmas, surgiram como parte do esforço desenvolvido nesse campo. Podem estar expressas tanto na forma descritiva quanto na forma de quadros analíticos, ou mesmo englobando outras demonstrações. As notas podem ser usadas para descrever práticas contábeis utilizadas pela empresa, para explicações adicionais sobre determinadas contas ou operações específicas e ainda para composições e detalhes de certas contas.

A legislação em vigor menciona, sem esgotar o assunto, as bases gerais e as notas a serem incluídas nas demonstrações contábeis, que deverão indicar, entre outras coisas:

- os principais critérios de avaliação dos elementos patrimoniais – especialmente estoques – de cálculos de depreciação, amortização e exaustão, de constituição de provisões para encargos ou riscos e dos ajustes para atender a perdas prováveis na realização dos elementos do ativo;
- os investimentos em outras sociedades, quando relevantes;
- os ônus reais constituídos sobre elementos do ativo, as garantias prestadas a terceiros e outras responsabilidades eventuais ou contingentes;
- a taxa de juros, as datas de vencimento e as garantias das obrigações de longo prazo;
- o número, espécies e as classes de ações do capital social;
- os ajustes de exercícios anteriores;
- os eventos subsequentes à data de encerramento do exercício que tenham – ou possam vir a ter – efeitos relevantes sobre a situação financeira e os resultados futuros da empresa.

Em complemento às notas previstas pela lei, a Comissão de Valores Mobiliários (CVM) faz diversas observações sobre a divulgação de assuntos relevantes para efeito de melhor entendimento das demonstrações contábeis.

Os temas, objetos dessas observações, são os seguintes:
- ações em tesouraria, ágio/deságio e ajustes de exercícios anteriores;
- capital social autorizado;
- continuidade normal dos negócios, critérios de avaliação e debêntures;
- demonstrações em moeda de capacidade constante e demonstrações contábeis consolidadas;
- empreendimentos em fase de implantação – projetos e equivalência patrimonial;
- eventos subsequentes, investimentos societários no exterior e mudança de critério contábil;
- ônus, garantias e responsabilidades eventuais e contingentes e partes relacionadas;
- ajustes para créditos de liquidação duvidosa (ACLD);
- remuneração dos administradores e reserva de lucros a realizar;
- reservas (detalhamento), retenção de lucros e dividendos por ação e propostos.

Observa-se assim a tendência a fornecer informações cada vez mais significativas aos usuários das demonstrações contábeis.

Para ilustração, são apresentados alguns exemplos:

- depósitos em garantia – os depósitos e cauções relativos aos contratos de arrendamento de máquina e equipamentos são atualizados com base na variação do dólar norte-americano (US$), acrescidos de juros que podem variar até a taxa *London interbank offered rate* (LIBOR) mais juros de 1% ao ano (a.a.). Os prazos para resgate dos depósitos e cauções são definidos nos contratos de arrendamento. Em 31 de dezembro de 20XX, o saldo dos depósitos efetuados era de R$ 25.500.000;

❑ participação nos resultados – a empresa concede participação nos lucros e resultados a seus funcionários, vinculada ao alcance de metas operacionais e objetivos específicos, estabelecida e aprovada anualmente para cada fábrica/unidade. Em 31 de dezembro de 20XX, foi reconhecido no resultado do exercício, a título de participação nos resultados de empregados e administradores, o montante de R$ 10.000.000. Desse montante, R$ 1.500.000 referem-se à parcela dos administradores, que se encontra registrada na rubrica de "Salários e encargos sociais a pagar" no passivo circulante;
❑ instrumentos financeiros (consolidados) – conforme a política de *hedge* estabelecida, a empresa e suas controladas realizam operações com instrumentos financeiros derivativos com o objetivo de se proteger de seus principais riscos da variação cambial nas receitas e despesas em dólares. A administração desses instrumentos é efetuada por meio de políticas pré-estabelecidas, levando em conta liquidez, rentabilidade e risco/retorno de cada posição. A política de controle consiste no acompanhamento permanente das taxas contratadas em relação às vigentes no mercado, além de cálculos realizados por consultoria independente e apresentação periódica da situação em comitês corporativos. Todas as operações com instrumentos financeiros derivativos realizados pela empresa e suas controladas têm por objetivo o *hedge*; não há operações realizadas com objetivo especulativo. A geração de caixa da empresa é aplicada majoritariamente nos seus fundos de investimento exclusivos. Todos os fundos seguem uma política de investimentos consistente, com limites de risco de mercado, crédito e liquidez bastante definidos.

Relatório dos administradores

O relatório da administração representa um necessário e importante complemento às demonstrações contábeis publicadas por uma empresa, em termos de permitir o fornecimento de dados e informações adicionais que sejam úteis aos usuários no seu julgamento e processo de tomada de decisões.

É importante lembrar que os usuários objetivam a análise da situação atual e de resultados passados da empresa fornecidos pelas demonstrações contábeis e sua utilização como elemento de previsão da evolução e resultados futuros da empresa que melhor orientem suas decisões no presente.

Portanto, é nesse aspecto que a administração pode fornecer importante contribuição aos usuários, ou seja, elaborar o relatório da administração dirigido ao futuro não só ao fornecer projeções e operações previstas para o futuro, mas também ao fazer análises do passado indicativas de tendências futuras.

Outra característica relevante a ser considerada é que o relatório da administração, por ser descritivo e menos técnico que as demonstrações contábeis, reúne condições de entendimento para uma gama bem maior de usuários.

Parecer dos auditores independentes

O parecer dos auditores independentes é o documento mediante o qual o auditor expressa sua opinião de forma clara e objetiva sobre as demonstrações contábeis nele indicadas, assumindo responsabilidade técnico-profissional definida, inclusive de ordem pública.

O parecer se classifica, segundo a natureza da opinião que contém, em:

a) *Parecer sem ressalva* – o parecer sem ressalva indica que o auditor está convencido de que as demonstrações contábeis representam a posição patrimonial e financeira em todos os aspectos relevantes.

Exemplo:
1. Foram examinados os balanços patrimoniais da XPTO S/A, levantados em 31 de dezembro de 20X2 e de 20X1, e as respectivas demonstrações do resultado, das mutações do patrimônio líquido, dos fluxos de caixa e do valor adicionado correspondentes aos exercícios encerrados naquelas datas, elaborados sob a responsabilidade de sua administração. Nossa responsabilidade é a de expressar uma opinião sobre essas demonstrações contábeis.
2. Nossos exames foram conduzidos de acordo com as normas de auditoria e compreenderam, entre outros procedimentos: (a) o planejamento dos trabalhos, considerando a relevância dos saldos, o volume de transações e os sistemas contábil e de controles internos da entidade; (b) a constatação, com base em testes, das evidências e dos registros que suportam os valores e as informações contábeis divulgados; e (c) a avaliação das práticas e estimativas contábeis mais representativas adotadas pela administração da sociedade, bem como da apresentação das demonstrações contábeis tomadas em conjunto.
3. Em nossa opinião, as demonstrações contábeis aqui referidas representam adequadamente, em todos os aspectos relevantes, a posição patrimonial e financeira da XPTO S/A em 31 de dezembro de 20X2 e de 20X1, o resultado de suas operações, as mutações de seu patrimônio líquido e os fluxos de caixa referentes aos exercícios encerrados naquelas datas, elaboradas de acordo com as práticas contábeis vigentes no Brasil.

b) *Parecer com ressalva* – o parecer com ressalva é emitido quando o auditor conclui que o efeito de qualquer discordância ou restrição na extensão de um trabalho não é de tal magnitude que requeira parecer adverso ou abstenção de opinião.
Exemplo:
1. Examinamos o balanço patrimonial da XPTO S/A [idem exemplo anterior].

2. Nossos exames foram conduzidos de acordo com [idem exemplo anterior].
3. Em nossa opinião, as demonstrações contábeis aqui referidas representam adequadamente, em todos os aspectos relevantes, a posição patrimonial e financeira da XPTO S/A em 31 de dezembro de 20X2, exceto os reflexos de saldos anteriores, o resultado de suas operações, as mutações de seu patrimônio líquido e os fluxos de caixa referentes ao exercício encerrado naquela data, elaborados de acordo com as práticas contábeis vigentes no Brasil.
4. Não examinamos, nem foram examinadas por outros auditores independentes, as demonstrações contábeis do exercício findo em 31 de dezembro de 20X1, cujos valores são apresentados para fins comparativos, e, consequentemente, não foi emitida opinião sobre elas.

c) *Parecer adverso* – no parecer adverso, o auditor emite opinião de que as demonstrações contábeis não representam adequadamente a posição patrimonial e financeira e/ou o resultado das operações e/ou as mutações do patrimônio líquido e/ou as origens e aplicações de recursos da entidade nas datas e períodos indicados.

Exemplo:
1. Examinamos o balanço patrimonial da XPTO S/A [idem exemplo anterior].
2. Nossos exames foram conduzidos de acordo com [idem exemplo anterior].
3. Nos exercícios de 20X2 e 20X1, a empresa não contabilizou os encargos financeiros compreendidos de variação cambial sobre os empréstimos e financiamentos em moedas estrangeiras de longo prazo no montante anual de R$ 500.000 e R$ 200.000, respectivamente. Como consequência, os resultados dos exercícios findos em 31 de dezembro daqueles exercícios estão demonstrados a

maior em valores equivalentes aos mencionados antes, respectivamente, R$ 500.000 e R$ 200.000.

4. Em nossa opinião, considerando a relevância dos efeitos dos fatos mencionados no item 3, as demonstrações contábeis mencionadas no item 1 não representam adequadamente, em todos os aspectos relevantes, a posição patrimonial e financeira da XPTO S/A em 31 de dezembro de 20X2 e 20X1 nem o resultado de suas operações, nem as mutações de seu patrimônio líquido e tampouco os fluxos de caixa referentes aos exercícios encerrados naquelas datas, de acordo com as práticas contábeis vigentes no Brasil.

d) *Parecer com abstenção de opinião* – o parecer com a abstenção de opinião é aquele em que o auditor deixa de emitir opinião sobre as demonstrações contábeis, por não ter obtido comprovação suficiente para fundamentá-las.

Exemplo:

1. Examinamos o balanço patrimonial da XPTO S/A levantado em 31 de dezembro de 20X2 e as respectivas demonstrações de resultado, das mutações do patrimônio líquido [...] correspondentes ao exercício findo naquela data, elaborado sob a responsabilidade de sua administração. Nossa responsabilidade é a de expressar uma opinião sobre essas demonstrações contábeis.

2. Nossos exames foram conduzidos de acordo com [idem exemplo anterior].

3. Tendo em vista terem os trabalhos de auditoria sido contratados após 31 de dezembro de 20X2, não acompanhamos os inventários físicos dos estoques naquela data nem foi possível nos satisfazermos sobre a existência dos estoques mediante aplicação de procedimentos alternativos de auditoria.

4. Considerando a relevância do fato mencionado no item 3, a extensão dos exames não foi suficiente para expressarmos uma opinião sobre as demonstrações contábeis da XPTO S/A, conforme mencionado no item 1.

Escrituração contábil

É a técnica empregada para a realização do registro dos fatos contábeis que ocorrem na entidade. Devem ser registradas todas as transações que representam modificações patrimoniais na entidade. A escrituração contábil não existe somente para atender às determinações da legislação fiscal; independentemente da forma de tributação a que está sujeita a empresa, permanece a necessidade de elaboração da escrita contábil para efeito de comprovação em casos de litígios, concordata, falência, auditorias relativas ao cumprimento das obrigações previdenciárias e outros.

Julgamos importante a compreensão de alguns conceitos relativos ao assunto, a seguir explicitados.

Fatos contábeis

Os fatos contábeis são fatos administrativos passíveis de mensuração em termos econômicos e que promovem alterações no patrimônio da entidade. Tais fatos podem ser classificados em permutativos e modificativos.

Fatos permutativos

São fatos que promovem permutas (trocas de valores) entre elementos patrimoniais (ativos, passivos e patrimônio líquido), não afetando o resultado das operações. São exemplos de fatos permutativos:

- aquisição de mercadorias à vista – a empresa recebe a mercadoria e, em troca, entrega dinheiro em valores iguais;
- aquisição a prazo de máquinas para a produção – o item adquirido é recebido e, em troca, a empresa assume uma obrigação de pagamento;
- recebimento de uma duplicata em dinheiro – representa a troca de um direito de recebimento por dinheiro em valores iguais.

Fatos modificativos

São fatos que, além de promoverem a alteração de valores patrimoniais, alteram os resultados da empresa, envolvendo elementos patrimoniais e de resultado. As alterações no resultado podem ser para maior (fatos modificativos aumentativos) ou para menor (fatos modificativos diminutivos). Vejamos alguns exemplos:

- fatos aumentativos:
  - receita de aluguéis – ocorre um aumento do ativo em dinheiro e um aumento no lucro pela receita;
  - receita de juros – ocorre um aumento do valor das aplicações financeiras e um aumento no lucro pela receita;
  - receita de vendas de mercadorias com lucro – há uma baixa nos estoques e uma entrada de valores no caixa ou a receber por um valor superior ao valor baixado;
- fatos diminutivos:
  - despesa de salários;
  - despesas de juros;
  - recebimento de duplicatas com desconto.

Regime de contabilização

É o regime contábil aplicado pelas entidades para registro dos fatos contábeis, ou seja, dos fatos administrativos que provocam alterações no patrimônio da empresa, e posterior apuração de resultados. Portanto, a entidade deve elaborar suas demonstrações contábeis, exceto informações de fluxo de caixa, usando o regime contábil de competência.

Regime de competência

No regime de competência, os itens são reconhecidos como ativos, passivos, patrimônio líquido, receitas, despesas, incluindo também perdas e ganhos quando satisfazem as definições e critérios de reconhecimento para tais itens. Dessa forma, o regime de competência está associado ao conceito de fato gerador, ou seja, ao momento da ocorrência daquele fato.

Para melhor entendermos o regime de competência vamos a exemplos:

1. *Reconhecimento de uma receita* – A empresa Dedé & Nadir Ltda. emitiu uma nota fiscal em 10/12/20X9 para a empresa Zuzu Ltda. referente à aquisição de um aparelho de ar-condicionado. A adquirente recebeu o bem em 15/12/20X9 e, na mesma data, colheu assinatura no canhoto (rodapé) da nota fiscal para a empresa vendedora. Em 20/12/20X9, a compradora pagou à vendedora o bem adquirido. Em que data será registrada a receita de venda por parte da empresa Dedé & Nadir Ltda.? A receita será reconhecida no dia 15/12/20X9, pois o fato gerador ocorreu no momento em que houve a mudança de controle por parte da empresa vendedora para a compradora. Em 15/12/20X9, a empresa compradora já tem expectativa de obter benefícios econômicos daquele ar-condicionado; portanto, a empresa Zuzu Ltda. tem um ativo decorrente de uma aquisição. Observe que o regime de competência não leva em consideração o momento do recebimento do valor da venda (20/12/20X9).

Normalmente, há duas formas de os benefícios econômicos fluírem para a entidade: pela *venda* de um ativo (exemplo: mercadorias disponíveis para venda) ou pelo *uso* (exemplo: a utilização de uma máquina para a produção).

2. *Reconhecimento de uma despesa* – A empresa Dedé & Nadir Ltda. adquiriu material de escritório em 22/7/20X9, consumiu em 22/8/20X9 e pagou em 22/9/20X9. Quando a despesa deve ser reconhecida? A despesa será reconhecida em 22/8/20X9, pois o fato gerador daquela despesa foi o consumo. Assim, quando uma aplicação tiver o benefício econômico imediato, é uma despesa. Em 22/7/20X9, o material de escritório representa um ativo, pois o benefício econômico é futuro.

Contas contábeis

Os fatos contábeis em uma entidade são registrados por intermédio das chamadas contas contábeis. A finalidade de uma conta contábil é representar separadamente cada tipo de elemento patrimonial ou de resultado. Assim, por exemplo, todos os fatos contábeis que envolvem venda ou compra de mercadorias são registrados na conta "estoques de mercadorias".

As contas contábeis podem ser classificadas em:

❏ *contas patrimoniais* – têm como característica principal representarem os elementos constantes no patrimônio da entidade, ou seja, seus bens, direitos, obrigações e patrimônio líquido. São exemplos: caixa, duplicatas a receber, fornecedores e capital social, respectivamente;

❏ *contas de resultado (receitas e despesas)* – representam os elementos fundamentais para a apuração do resultado da entidade, ou seja, suas receitas e despesas. São exemplos: receita de vendas e despesas administrativas.

Plano de contas

O plano de contas da entidade é um elenco de contas contábeis que deve ser utilizado para efeito de registro dos fatos contábeis. Essas contas são codificadas em ordem sequencial, com sua disposição em grupos, subgrupos e contas, obedecendo à normatização técnica já estabelecida para a estruturação do balanço patrimonial e da demonstração do resultado do exercício. É importante ressaltar que cada entidade possui seu próprio plano de contas, atendendo às suas necessidades específicas, não havendo um modelo único a ser utilizado.

Vejamos o exemplo a seguir.

Balanço patrimonial
1 Ativo
1.1 Ativo circulante
1.1.1 Caixas e equivalentes de caixa
1.1.2 Duplicatas a receber
1.1.3 Estoques
1.2 Ativo não circulante
1.2.1 Realizável a longo prazo
1.2.1.1 Empréstimos a coligadas
1.2.1.2. Títulos a receber
1.2.2 Investimentos
1.2.2.1 Ações de outras empresas
1.2.2.2 Obras de arte
1.2.3 Imobilizado
1.2 3.1 Máquinas e equipamentos
1.2.3.2 Depreciação acumulada (conta redutora)
1.2.4 Intangível
1.2.4.1 Marcas e patentes
1.2.4.2 Ágio por expectativa de rentabilidade futura (*goodwill*)
1.2.4.3 Amortização acumulada (conta redutora)

2 Passivo
2.1 Passivo circulante
2.1.1 Salários a pagar
2.1.2 Fornecedores
2.1.3 Empréstimos bancários
2.2 Passivo não circulante
2.2.1 Financiamentos bancários
2.2.2 Debêntures emitidas
2.2.3 Parcelamento de impostos
2.3 Patrimônio líquido
2.3.1 Capital social
2.3.2 Reservas de capital
2.3.3 Ajustes de avaliação patrimonial
2.3.4 Reservas de lucros
2.3.5 Ações em tesouraria
2.3.6 Lucros (ou prejuízos) acumulados

Demonstração do resultado do exercício

3 Receitas
3.1 Receitas operacionais brutas de vendas
3.1.1 Venda de produtos
3.1.1.1 Mercado nacional
3.1.1.2 Mercado externo
3.1.2 Impostos incidentes sobre vendas
3.1.2.1 IPI
3.1.2.2 ICMS
3.1.2.3 ISS
3.1.2.4 PIS sobre receita operacional bruta
3.1.3 Receitas financeiras
3.1.3.1 Juros sobre aplicações financeiras

4 Custos
4.1 Custos das vendas
4.1.1 Custo das mercadorias vendidas (CMV)

5 Despesas
5.1 Despesas operacionais
5.1.1 Despesas de vendas (comerciais)
5.1.1.1 Propaganda e publicidade
5.1.1.2 Comissões sobre vendas
5.1.1.3 Material de expediente
5.1.1.4 Ajuste de crédito de liquidação duvidosa
5.1.2 Despesas administrativas
5.1.2.1 Salários e encargos
5.1.2.2 Aluguéis
5.1.2.3 Pró-labore
5.1.2.4 Energia elétrica
5.1.3 Despesas financeiras
5.1.3.1 Juros

Lançamentos contábeis

Os lançamentos contábeis são os registros das transações, com seus respectivos valores, que compõem a escrituração contábil. Devem ser efetuados em ordem cronológica, considerando a data de ocorrência dos fatos geradores (regime de competência).

Partidas dobradas

A escrituração contábil ocorre por meio de lançamentos em partidas dobradas (origem e aplicação). Dessa forma, cada lançamento acarretará duas situações relacionadas entre si. Para elucidar melhor o conceito, vejamos os exemplos a seguir.

1. Venda à vista do produto A pelo valor de R$ 100,00. A empresa havia adquirido o produto por R$ 60,00. Fatos contábeis a registrar:
   a) recebimento no valor de R$ 100,00 pela venda do produto (aplicação);
   b) registro da receita de vendas do produto no valor de R$ 100,00 (origem);
   c) baixa no estoque no valor de R$ 60,00 (origem);
   d) registro do custo da mercadoria vendida no valor de R$ 60,00 (aplicação).
2. Compra de um imóvel para as instalações da empresa por R$ 300.000,00:
   a) compra de um item para compor o patrimônio no valor de R$ 300.000,00 (aplicação);
   b) baixa no caixa pelo pagamento, na aquisição, no valor de R$ 300.000,00 (origem).

Débito e crédito

A escrituração contábil é feita por intermédio de lançamentos e utiliza o método das partidas dobradas. Esse método gera lançamentos a débito e a crédito em cada uma das contas contábeis envolvidas, conforme a natureza do fato contábil. Dessa forma, sempre haverá no mínimo uma conta devedora e outra credora, sendo possível mais de um lançamento a débito ou a crédito para registro do fato contábil. A regra geral é a de que a soma de todos os lançamentos a débito seja igual à soma de todos os lançamentos a crédito.

O quadro 2 resume a aplicação da mecânica contábil apresentada.

Quadro 2
PARTIDAS DOBRADAS

Natureza das contas	Saldo	Aumento	Diminuição
BP – Ativo	D	D	C
BP – Passivo	C	C	D
BP – Patrimônio líquido	C	C	D
DRE – Receitas	C	C	D
DRE – Despesas	D	D	C
BP – Ativo – Conta retificadora	C	C	D
BP – Passivo – Conta retificadora	D	D	C

Para que seja feito o lançamento contábil, devem ser efetuados os seguintes procedimentos:

a) verificar as contas contábeis que serão utilizadas no registro contábil da operação;
b) verificar a natureza das contas contábeis utilizadas;
c) verificar qual o efeito da ocorrência do fato contábil sobre as contas utilizadas, ou seja, aumento ou diminuição dos seus saldos;
d) fazer o lançamento, utilizando o mecanismo débito/crédito.

Vamos observar um exemplo prático.
A empresa Natural Ltda. realizou as seguintes operações em junho de 20XX:

1. 1/6 – compra de mercadorias à vista por R$ 1.000,00;
2. 10/6 – realização de um empréstimo de curto prazo no valor de R$ 900,00;
3. 17/6 – pagamento à vista de despesas administrativas no valor de R$ 100,00;
4. 20/6 – aumento de capital social em dinheiro no valor de R$ 2.000,00;

5. 25/6 – compra de móveis e utensílios a prazo no valor de R$ 300,00.

Fazendo os lançamentos contábeis, teremos:

Fato	Data	Contas envolvidas	Natureza da conta	Aumento (+) diminuição (–)	Débito Crédito	Valor
1	1/6	Estoque de mercadorias Caixa	Ativo Ativo	(+) (–)	D C	1.000,00
2	10/6	Caixa Empréstimos CP	Ativo Passivo	(+) (+)	D C	900,00
3	17/6	Despesas administrativas Caixa	Despesa Ativo	(+) (–)	D C	100,00
4	20/6	Caixa Capital social	Ativo PL	(+) (+)	D C	2.000,00
5	25/6	Móveis e utensílios Fornecedores	Ativo Passivo	(+) (+)	D C	300,00

Os lançamentos contábeis podem ser apresentados em forma de razonete ou conta "T", conforme abaixo:

Identificação da conta	
Débitos	Créditos
Saldo devedor	Saldo credor

Assim, os lançamentos do exemplo acima serão representados:

Caixa		Estoque de mercadorias		Empréstimos CP		Despesas administrativas	
débitos	créditos	débitos	créditos	débitos	créditos	débitos	créditos
1.000 (1)		(1)1.000			(2) 900	(3) 100	
(2) 900							
	100 (3)						
(4)2.000							
2.900	1.100	1.000			900	100	
1.800							

Capital social		Móveis e utensílios		Fornecedores	
débitos	créditos	débitos	créditos	débitos	créditos
	2.000 (4)	(5) 300			300 (5)
	2.000	300			300

Outro formato de lançamento dos fatos contábeis é o utilizado para escrituração no livro diário, que será visto ainda neste capítulo.

Balancete de verificação

Finalizados os lançamentos contábeis, deve-se elaborar o balancete de verificação, que se destina a verificar se o valor total dos lançamentos a débito corresponde ao valor total dos lançamentos a crédito, fazendo o detalhamento por conta contábil movimentada no período considerado e seus respectivos saldos.

A seguir um exemplo deste instrumento contábil.

BALANCETE DE VERIFICAÇÃO – 31/5/20XX

Contas	Débito	Crédito
Caixa	10.000	
Bancos	85.000	
Aplicações financeiras	30.000	

Continua

Contas	Débito	Crédito
Clientes	200.000	
Estoques	300.000	
Títulos de longo prazo	15.000	
Edifícios	450.000	
Máquinas e equipamentos	180.000	
Custo dos produtos vendidos (CPV)	800.000	
Despesas de vendas	70.000	
Despesas de salários	120.000	
Despesas de depreciação	15.000	
Despesas financeiras	18.000	
Fornecedores		450.000
Impostos a pagar		25.000
Encargos sociais		95.000
Capital social		100.000
Lucros acumulados		85.000
Receita de vendas		1.500.000
Receitas financeiras		38.000
Total	**2.293.000**	**2.293.000**

Livros para escrituração contábil

São importantes livros destinados à escrituração contábil (Livros contábeis) – o livro diário e o livro razão, também chamados diário geral e razão geral, respectivamente.

O livro diário destina-se ao registro de todos os lançamentos contábeis, organizados em ordem cronológica. O formato de registro a ser empregado é:

    Conta devedora   R$ XXX,XX
    A conta credora   R$ XXX,XX

Um exemplo de registro será visto a seguir. A empresa Girão Ltda. faz o pagamento em dinheiro de uma duplicata emitida por Elemat Materiais Elétricos Ltda., um de seus fornecedores, no valor de R$ 3.500,00:

Rio de Janeiro, 6 de junho de 20XX
Fornecedores   R$ 3.500,00
A caixa   R$ 3.500,00
Pagamento de duplicata nº 2.456 de Elemat Materiais Elétricos Ltda.

No livro razão, ocorre a escrituração de forma individual para conta contábil utilizada nas operações da empresa. São importantes informações a serem lançadas nesse livro:

❑ data da operação;
❑ número sequencial do lançamento;
❑ nome e código (plano de contas) da conta movimentada;
❑ nome e código (plano de contas) da conta de contrapartida;
❑ histórico – resumo da operação realizada;
❑ saldo final (após o registro do lançamento).

Vamos a um exemplo de registro no livro razão, tomando-se por base o exemplo de lançamento feito no livro diário:

1.1.1.1 – Caixa

Data	Nº	Histórico	Código	Débito	Crédito	Saldo
6/6/20XX	123	Pagamento de duplicata nº 2.456 de Elemat Materiais Elétricos Ltda.	2.1.2.1		3.500,00	17.800,00 D

Exposta a necessidade da informação contábil, sua fundamentação em aspectos qualitativos e sua forma de registro, passaremos, no próximo capítulo, ao estudo dos produtos obtidos a partir do processamento das informações, que são os relatórios contábeis.

2

Os principais relatórios contábeis

A estrutura e a evolução patrimonial de uma empresa se refletem em seus relatórios contábeis. Dessa forma, a compreensão desses relatórios é fundamental para análise da situação da empresa e o direcionamento da atenção do administrador no decorrer do processo decisório. Este capítulo apresenta os principais relatórios: o balanço patrimonial (BP), a demonstração do resultado do exercício (DRE), a demonstração dos lucros ou prejuízos acumulados (DLPA) e a demonstração das mutações do patrimônio líquido (DMPL).

O balanço patrimonial (BP)

Antes de começarmos nossos estudos, devemos compreender melhor o sentido da expressão balanço patrimonial. O termo "patrimonial" deriva de patrimônio, ou seja, o conjunto de bens, direitos (aplicações de recursos) e obrigações (origens de recursos – de terceiros e próprios). Já o termo "balanço" decorre de balança (equilíbrio). Sendo assim, balanço patrimonial quer dizer apresentação dos bens, direitos e origens de recursos de uma forma equilibrada; portanto, o total das origens de recursos será igual ao total das aplicações de recursos.

No balanço, as contas serão classificadas segundo os elementos do patrimônio que registrem e agrupadas de modo a facilitar o conhecimento e a análise da situação econômico-financeira da empresa.

Ao fazermos a analogia da empresa com uma pessoa, caso quiséssemos avaliar sua saúde, poderíamos tirar uma radiografia, sendo esta capaz de revelar seus pontos fortes e fracos. Em uma empresa, o balanço permite avaliarmos a situação econômico-financeira.

Veja a seguir a representação de um balanço patrimonial.

BALANÇO PATRIMONIAL EM 31/12/20XX ($ MIL)

Ativo – Aplicações		Passivo e patrimônio líquido – Origens	
Bens e direitos	700.000	Obrigações	700.000
Total do ativo	700.000	Total do passivo e patrimônio líquido	700.000

Ativo: aplicações de recursos

O ativo representa o conjunto de valores aplicados em bens e direitos na empresa cujas origens foram os recursos disponibilizados no passivo – por terceiros não pertencentes à sociedade e no patrimônio líquido – pelos proprietários. O ativo deve ser visto como recursos sob o controle da entidade, resultantes de eventos passados e do qual se esperam futuros benefícios econômicos para a entidade.

Passivo: o capital de terceiros – origem de recurso

Passivo são todas as dívidas presentes que a empresa tem com terceiros, ou seja, entidades de fora da empresa, e que vão financiar suas atividades. Assim, o passivo é uma obrigação presente da empresa, derivada de eventos passados, de cuja liquidação se espera que resulte saída de recursos da entidade.

Patrimônio líquido (PL): o capital próprio – origem de recurso

O patrimônio líquido (PL), também conhecido como capital próprio, representa o valor residual dos ativos da entidade depois de deduzidos todos os seus passivos. Dessa forma, para mensurar o patrimônio líquido, consideram-se os bens e direitos, que deverão ser subtraídos das dívidas exigíveis (dívidas com fornecedores, funcionários e outras dívidas), conforme a equação fundamental da contabilidade:

$$PL = ativo - passivo$$

Em uma visão mais ampla, pode-se definir o patrimônio líquido como a representação do valor contábil de uma entidade, avaliado de acordo com os princípios contábeis geralmente aceitos e formado pelo valor que os proprietários (empreendores/investidores) aplicaram na empresa mais os resultados gerados pelo desenvolvimento das atividades mantidos como reservas e menos eventuais prejuízos.

Vejamos um exemplo, utilizando a equação fundamental da contabilidade.

A empresa Alpha tem em caixa (bem) $ 100 e deve $ 45 aos fornecedores (dívida exigível) de matéria-prima. Portanto, o patrimônio líquido é $ 55 ($ 100 – $ 45).
$$PL = ativo - passivo \therefore PL = 100 - 45 \therefore PL = 45$$

O patrimônio líquido, além de ser formado pelos recursos dos proprietários, investidos inicialmente ou após o início das atividades via aumentos de capital (aportes de capital), também é formado pelo lucro decorrente dos negócios gerados pela atividade empresarial e reinvestidos pelos sócios no negócio. Pela teoria da contabilidade e, mais precisamente, pela premissa subjacente da continuidade, o lucro decorrente da atividade operacional pertence à empresa. Porém, na prática, parte do lucro é reinvestida na empresa para fortalecer sua posição econômica e a outra parte é distribuída aos acionistas como dividendos (remuneração pelo capital investido).

Estrutura do balanço patrimonial (BP)

Ativo – aplicações de recursos

Representado do lado esquerdo do balanço patrimonial, demonstra a forma como foram aplicados os recursos investidos na empresa em bens e direitos.

Ativo é um recurso controlado pela entidade como resultado de eventos passados e do qual se espera que fluam futuros benefícios econômicos para a entidade.

Podemos dizer que a aquisição de uma máquina forma um ativo, pois a máquina é um bem, há o controle da empresa e decorre de um evento passado e capaz de gerar benefícios econômicos pelo uso. É importante observar que, caso não haja expectativa de contribuição futura, direta ou indireta, não existe o ativo. Portanto, da aplicação de recursos no ativo máquina deve fluir benefício econômico futuro para a entidade.

No ativo, as contas serão dispostas em ordem decrescente de grau de liquidez dos elementos nelas registrados, nos seguintes grupos:

- ativo circulante;
- ativo não circulante.

Ativo circulante

Esse grupo de contas tem algumas características, a saber:
- seus valores tendem a mudar com frequência;
- realiza-se no curto prazo (até 12 meses a partir da data de encerramento do balanço patrimonial).

Segundo a Lei nº 6.404/1976 (Lei das Sociedades por Ações), em vigor, em uma empresa cujo ciclo operacional tenha duração maior que o exercício social, a classificação no circulante ou longo prazo terá por base o prazo desse ciclo. Para melhor entendimento, em uma empresa industrial, por exemplo, o ciclo operacional é compreendido como o tempo transcorrido desde o recebimento da matéria-prima até o recebimento de caixa dos clientes provenientes das vendas a prazo. Outro exemplo é a indústria naval, que no Brasil é de ciclo de produção longo (um navio leva de 16 a 24 meses para ficar pronto). Assim, o curto prazo será de 16 a 24 meses, conforme o caso.

Podemos citar alguns exemplos de contas do ativo circulante: caixa e equivalentes de caixa, duplicatas a receber e estoques.

Ativo não circulante

Os bens acolhidos nesse grupo de contas têm algumas características, a saber:
- seus valores não mudam com frequência;
- bens e direitos (sobre os quais a empresa tenha controle) de vida útil longa (acima de um ano);
- são meios para atingir seus objetivos sociais;
- utilizados como meio de produção ou renda;
- não se destinam à venda.

Pelas características citadas, o ativo não circulante não tem conotação de giro, pois seus valores não se alteram com frequência, como ocorre no caso do ativo circulante.

O ativo não circulante tem quatro subgrupos, que estão dispostos no balanço patrimonial por ordem decrescente de grau de liquidez: realizável a longo prazo, investimentos, imobilizado, intangível. Vejamos cada um deles:

❏ *realizável a longo prazo* – nesse grupo estão os bens e direitos não destinados a gerar recursos imediatos de caixa ou equivalentes de caixa que não podem ser convertidos em dinheiro em prazo igual ou inferior a 12 meses contados a partir da data de encerramento do balanço patrimonial, tais como: contas a receber, aplicações financeiras, estoques e depósitos judiciais e cauções;
❏ *investimentos* – conforme a Lei nº 6.404/1976, em seu art. 179, inciso III, são classificadas nesse subgrupo:

> III – [...] as participações permanentes em outras sociedades e os direitos de qualquer natureza, não classificáveis no ativo circulante, e que não se destinem à manutenção da atividade da empresa ou da empresa.

Antes do advento da Lei nº 11.638/2007, em vigor, havia o grupo do ativo permanente. A expressão "permanente" foi suprimida pelo fato de não haver nada de caráter permanente. Assim, existe a possibilidade de que futuramente essa parte do texto legal acima citado seja modificada.

Pode-se, resumidamente, dizer que o subgrupo dos investimentos representa as aplicações de recursos em investimentos de caráter não especulativo. Como exemplo de investimentos dessa natureza, temos a aquisição de ações de outras empresas (com intenção de formar grupos empresa-

riais), imóvel de propriedade da empresa alugado a terceiros, obras de artes e outros;
- *imobilizado* – conforme a Lei nº 11.638/2007, o art. 179 da Lei nº 6.404/1976 passou a ter a seguinte redação (grifo nosso):

> IV – no ativo imobilizado: os direitos que tenham por objeto bens *corpóreos* destinados à manutenção das atividades da companhia ou da empresa ou exercidos com essa finalidade, inclusive os decorrentes de operações que transfiram à empresa os benefícios, riscos e controle desses bens.

Esses bens e direitos são classificados em:
- tangíveis (móveis e utensílios, veículos, máquinas e equipamentos);
- recursos naturais (reservas florestais e jazidas minerais);
- imobilizado em andamento (adiantamento a fornecedores, importações em andamento, obras civis em construção);
- *intangível* – a Lei nº 11.638/2007 fez surgir o subgrupo "intangível" com a seguinte redação:

> VI – no intangível: os direitos que tenham por objeto bens incorpóreos destinados à manutenção da empresa ou exercidos com essa finalidade, inclusive o fundo de comércio adquirido.

Para ser registrado nesse subgrupo, é necessário que o ativo, além de incorpóreo, seja separável e vendido, transferido, licenciado, alugado ou trocado – quer individualmente ou em conjunto com um contrato, ativo ou passivo relacionado; ou resulte de direitos contratuais ou legais, quer esses direitos sejam transferíveis, quer sejam separáveis da entidade ou de outros direitos e obrigações. Como exemplos de contas contábeis nesse novo subgrupo, temos: marcas, patentes e licenças de utilização de softwares.

Depreciação, amortização e exaustão – vida útil econômica estimada

A Lei nº 11.638/2007 menciona que a depreciação, a amortização e a exaustão devem ser efetuadas com base na vida útil *econômica* dos bens. Salientamos que houve um erro na lei, pois o correto é vida útil *estimada*, que normalmente é inferior à vida útil econômica, sendo esta determinada pelo fabricante. Sabidamente, não necessariamente seria essa a prática no Brasil, uma vez que era seguida a legislação tributária, independentemente das distorções causadas na posição patrimonial da empresa. Dessa forma, a modificação desses procedimentos se tornou obrigatória.

Como regra geral, os bens e direitos têm vida útil limitada, salvo algumas exceções (terrenos, marcas e outros), que possuem vida útil indefinida. Assim, devemos calcular o prazo em que esses bens e direitos deverão gerar benefícios para a empresa e que é utilizado para calcularmos depreciação, amortização e exaustão. Mais detalhes sobre esses assuntos serão vistos no capítulo 4.

A extinção do subgrupo diferido

Esse grupo de contas foi extinto pela Lei nº 11.638/2007. Assim, seus saldos precisam ser analisados com se segue:

- os que se referem a itens que mudaram de classificação devem ser reclassificados;
- os que devem, pela nova legislação e normas em vigor, não mais pertencer ao ativo podem:
    - ser lançados contra lucros ou prejuízos acumulados (saldos em final de 2007);
    - permanecer nesse grupo sob o mesmo título de ativo diferido até sua amortização final.

Passivo – origens de recursos

Passivo é uma obrigação presente da entidade, derivada de eventos passados da qual se espera que fluam futuros benefícios econômicos para a entidade. Representado no lado direito do balanço patrimonial, são as origens de recursos que irão financiar o ativo, sendo recursos de terceiros (fornecedores, banco, funcionários e outros). O passivo pode ser visto como integrante da estrutura de capital da empresa, ou seja, da forma como ela capta recursos, se utiliza mais recursos próprios ou mais de terceiros, sendo este um dos aspectos mais importantes na análise das demonstrações contábeis: qual é o grau do endividamento e a composição desse endividamento.

No passivo, as contas serão classificadas nos seguintes grupos: passivo circulante e passivo não circulante, em ordem decrescente de grau de exigibilidade.

Passivo circulante

Esse grupo de contas tem algumas características, a saber:

❏ seus valores mudam com frequência;
❏ são valores exigíveis (devem ser pagos);
❏ vencem no curto prazo (até 12 meses a partir da data de encerramento do balanço patrimonial).

Podemos citar como exemplos de contas no passivo circulante:

❏ fornecedores;
❏ salários a pagar;
❏ empréstimos bancários;
❏ encargos sociais – INSS e FGTS;
❏ impostos a recolher.

Passivo não circulante

Esse grupo de contas possui como características:

- seus valores não mudam com frequência;
- são valores exigíveis (devem ser pagos);
- vencem no longo prazo (acima de 12 meses a partir da data de encerramento do balanço patrimonial).

Como exemplo, podemos citar:

- empréstimos e financiamentos bancários;
- debêntures emitidas;
- títulos a pagar e outros com características de longo prazo.

O passivo circulante e o passivo não circulante, também conhecidos como capitais de terceiros, representam as fontes de financiamento do ativo oriundas de terceiros, ou seja, daqueles que não se estabelecem como sócios da empresa. A parcela do financiamento que é realizada pelos sócios deve ser registrada no patrimônio líquido, como veremos a seguir.

O patrimônio líquido

É o valor residual dos ativos da entidade depois de deduzidos todos os seus passivos. São recursos pertencentes aos sócios no financiamento das atividades da empresa. Dentro da estrutura de capital, é o chamado capital próprio. O patrimônio líquido deverá conter os lucros gerados pela empresa e não distribuídos aos sócios ou acionistas, bem como os prejuízos que deverão ser compensados com lucros futuros.

Como já visto no início deste capítulo, numa visão mais ampla, pode-se definir o patrimônio líquido como a representação do valor contábil de uma entidade, avaliado de acordo com os princípios contábeis geralmente aceitos, formado pelo valor que os proprietários aplicaram na empresa mais os resultados gerados pelo desenvolvimento das atividades, mantidos como reservas, e menos eventuais prejuízos.

Em conformidade com a legislação vigente, o patrimônio líquido é composto por:

❑ *capital social* – representa os recursos aplicados na empresa por seus proprietários. Pode ser composto de ações, no caso das sociedades por ações, ou por cotas, no caso das limitadas. As ações poderão ser de dois tipos: ordinárias, ou preferenciais;

❑ *reservas de capital* – consistem nos acréscimos ao patrimônio líquido derivados de eventos externos não vinculados à atividade operacional da empresa, tais como o produto da alienação de partes beneficiárias, ágio na emissão de ações e bônus de subscrição. Na prática, representam valores recebidos que não transitaram por resultado;

❑ *reservas de lucros* – são lucros retidos com finalidade específica (destinação). Um exemplo típico é a constituição da reserva legal, cuja finalidade é assegurar a integridade do capital, sendo sua constituição obrigatória para as sociedades por ações, e que somente pode ser utilizada para aumento do capital social ou compensação de prejuízos. Essa reserva será constituída por valor igual a 5% do lucro líquido do exercício e não excederá a 20% do capital social. A empresa poderá deixar de constituir reserva legal quando o saldo dessa reserva, acrescido das reservas do capital, exceder 30% do capital social.

Vejamos um exemplo para cada caso apresentado.

A sociedade Bragança Paulista apurou em 2012 um lucro líquido do exercício de $ 10.000 e apresenta a seguinte posição de seu patrimônio em 2011 – portanto, antes da inserção do lucro.

2011	
Componentes patrimoniais	$
Capital social	40.000
Reserva legal	7.800
Total	46.000
Cálculo da reserva legal em 2012	
Lucro líquido em 2012	10.000
Percentual – **5%** (conforme Lei nº 6.404/1976) – valor máximo	500
Capital social em 2011	40.000
Percentual limite da reserva legal de **20%** em relação ao capital social	8.000
Saldo anterior, em 2011, da reserva legal	7.800
Valor a ser transferido para a reserva legal em 2012	200

Nesse caso, a sociedade somente poderá registrar como reserva legal o valor de $ 200. Caso contrário, se registrar o valor de $ 500 (valor máximo), este ultrapassará o limite de 20% estabelecido em lei.

Em outro caso, suponhamos que a sociedade São Paulo apurou em 2012 um lucro líquido do exercício de $ 10.000 e apresenta a posição a seguir de seu patrimônio em 2011 – portanto, antes da inserção do lucro.

2011	
Componentes patrimoniais	$
Capital social	40.000
Reserva de capital (ágio na emissão de ações)	13.000
Reserva legal	0
Total	53.000

Continua

Cálculo da reserva legal em 2012 considerando a reserva de capital de 30%	
Lucro líquido em 2012	10.000
Percentual – **5%** (conforme Lei nº 6.404/1976) – valor máximo	**500**
Capital social em 2011	40.000
Percentual limite para reservas de capital e legal – **30%**	12.000
Saldo de reservas de capital em 2011	13.000
Saldo anterior da conta reserva legal	0
Reserva de capital e legal em excesso	1.000

A sociedade São Paulo tem duas opções:

❏ constituir a reserva legal pelo montante de $ 500;
❏ não constituir a reserva legal pelo fato de o saldo da conta patrimonial reserva de capital ter ultrapassado 30% do capital social daquela sociedade.

Além da reserva legal, as empresas podem constituir sobre o lucro:

❏ *reservas estatuárias* – são as reservas estabelecidas pelo estatuto da empresa, destinadas a fins específicos, tais como: reserva para renovação de equipamentos e reserva para pesquisa de novos produtos;
❏ *reservas orçamentárias* – são as reservas destinadas à expansão do ativo em planejamento orçamentário;
❏ *reserva de lucros a realizar* – refere-se a lucros economicamente existentes mas financeiramente ainda não realizados. Tem como objetivo basicamente o adiamento (postergação) da distribuição de dividendos;
❏ *ações em tesouraria* – valores derivados do resgate (compra) das ações da própria empresa em circulação no mercado. É uma conta retificadora (sinal negativo) do patrimônio líquido;

- *lucros ou prejuízos acumulados* – são resultados obtidos ao longo do tempo sem destinação específica no caso dos lucros ou aguardando serem absorvidos no caso dos prejuízos. O saldo da conta lucros acumulados representa os resultados gerados pela empresa que ainda não tiveram destinação para reservas de lucros ou para distribuição de dividendos. De acordo com a legislação em vigor, as sociedades por ações não podem apresentar saldos positivos. A conta continua a existir de maneira transitória, recebendo resultado positivo do período e distribuindo-o;
- *ajuste de avaliação patrimonial* – esta conta foi introduzida pela Lei nº 11.638/2007. O ajuste de avaliação patrimonial é uma correção do valor apresentado no balanço patrimonial, por ativos e passivos, trazidos ao seu valor justo. O objetivo é mostrar a realidade patrimonial de uma empresa. Esse ajuste não deve ser visto como uma reserva ou reavaliação de ativos.

Mensuração de ativos e passivos

É evidente a necessidade de determinar os valores pelos quais serão registrados os elementos componentes das demonstrações contábeis. Dessa forma, há que se eleger uma base de mensuração. As mais comuns são:

- custo histórico – os ativos são registrados pelos valores efetivamente pagos (à vista) ou a serem pagos (a prazo). Os passivos são registrados pelos valores dos recursos que foram efetivamente recebidos, gerando uma obrigação a ser liquidada em valor equivalente;
- custo corrente – os ativos e passivos são registrados pelo valor dos recursos financeiros necessários para sua aquisição ou liquidação, respectivamente, tendo como referência a data do balanço patrimonial;

❑ valor realizável – os ativos e passivos são reconhecidos pelos valores de venda ou liquidação, respectivamente, no decorrer de suas operações normais;
❑ valor presente – nesse caso, observa-se, para os ativos, o valor do fluxo de caixa futuro descontado das entradas líquidas esperadas a serem geradas no decorrer de sua vida útil. Para os passivos, observa-se o valor do fluxo de caixa futuro descontado das saídas de caixa necessárias para sua liquidação no decorrer das operações.

Ajuste a valor presente de ativos e passivos

A utilização de ajustes a valor presente aumenta a relevância da informação contábil, contribuindo para eventuais correções de julgamentos passados que se tenham mostrado inadequados. Tais ajustes devem ocorrer como determinação de valor inicial dos elementos, salvo em situações excepcionais, e são voltados normalmente para os ativos e passivos de longo prazo, mas podem ser aplicados nos elementos de curto prazo quando as alterações de valores forem julgadas relevantes. A metodologia utilizada deve ser a mais isenta possível de posicionamentos pessoais ou vícios e passível de verificação em procedimentos de auditoria independente.

Exemplo:
Valor de registro contábil de um ativo com vida útil de oito anos – R$ 500.000,00.
Taxa média de juros – 8,5% a.a.
Utilizando recursos de matemática financeira, temos:
Valor presente do ativo = R$ 500.000,00 / $(1 + 0,085)^8$ = R$ 260.334,72.

No caso de ajustes a valor presente de passivos, deve-se proceder de forma análoga.

Situação patrimonial em relação ao patrimônio líquido

Observando o patrimônio líquido (PL) como resultado da subtração ativo – passivo, temos as seguintes situações patrimoniais:

1º caso: PL > 0 – ocorre quando o volume total de bens e direitos é superior ao de origens. É uma situação tida como *favorável*;

2º caso: PL < 0 – o volume total de bens e direitos é inferior ao de origens. É uma *situação desfavorável*, também conhecida como "passivo a descoberto";

3º caso: PL = 0 – situação conhecida como *PL nulo*, representa a igualdade entre ativo e passivo;

4º caso: PL = ativo (ou passivo = 0) – nesse caso, não existem obrigações, sendo todo o ativo financiado exclusivamente pelos proprietários da empresa;

5º caso: PL = passivo – esse caso pode ser visto como uma evolução do 2º caso, ocorrendo na hipótese de a empresa realizar todos os seus ativos e quitar parcialmente as obrigações. A parcela restante das obrigações a serem quitadas corresponderá a um valor negativo do PL.

Exemplo:

Balanço patrimonial em 31/12/20X9			
Ativo		Passivo + PL	
Ativo circulante	10.000	Passivo circulante	11.000
		Passivo não circulante	25.000
Ativo não circulante	23.000	PL	(3.000)
Total do ativo	33.000	Total do passivo e PL	33.000

Como pode ser observado no exemplo, temos:
PL = ativo − passivo
PL = 33.000 − 36.000 = (3.000). Assim, a situação patrimonial da empresa é desfavorável, representada por um passivo a descoberto em $ 3.000.

A seguir, elaboramos um balanço patrimonial tendo em vista os conceitos apresentados. Este demonstrativo é apresentado para fins didáticos.

Balanço patrimonial da Cia. Zucafahi em 31/12/20X9 ($ mil)			
Ativo		Passivo e patrimônio líquido	
Ativo circulante		Passivo circulante	
Caixa e equivalentes de caixa	10	Salários a pagar	140
Duplicatas a receber	350	Fornecedores	90
Estoques	90	Empréstimos bancários	120
Total do ativo circulante	450	Total do passivo circulante	350
		Passivo não circulante	
		Financiamentos bancários	540
		Debêntures emitidas	100
		Total do passivo não circulante	640
Ativo não circulante			
Realizável a longo prazo			
Empréstimos a coligadas	130		
Títulos a receber	20		
Total do realizável a longo prazo	150		
Investimentos			
Ações de outras empresas	400		
Total dos investimentos	400		

Continua

Balanço patrimonial da Cia. Zucafahi em 31/12/20X9 ($ mil)				
Ativo			**Passivo e patrimônio líquido**	
Imobilizado			Patrimônio líquido	
Máquinas e equipamentos		950	Capital social	1.000
Móveis e utensílios		150	Reservas	60
Total do imobilizado		1.100	Lucros ou prejuízos acumulados	450
Intangível			Total do patrimônio líquido	1.510
Marcas e patentes		80		
Desenvolvimento de software		500		
Depreciação, amortização e exaustão acumuladas		(180)		
Total do intangível		400		
Total do ativo		2.500	Total do passivo e PL	2.500

O patrimônio da empresa representado no balanço patrimonial sofre alterações em função dos gastos que são realizados pela empresa. A classificação desses gastos em função das alterações causadas representa conceitos que devem ser estudados.

Os conceitos de receitas, gastos, despesas, custos, perdas e investimentos

Antes de estudarmos a formação do resultado, é conveniente o entendimento dos seguintes conceitos que julgamos importantes:

- *receitas* – são aumentos nos benefícios econômicos durante o período contábil sob a forma de entrada de recursos ou aumento de ativos ou diminuição de passivos, que resultam em aumentos do patrimônio líquido e que não sejam provenientes de aporte dos proprietários da entidade;
- *gastos* – representam os dispêndios realizados pela empresa, ou seja, os recursos aplicados ou consumidos no desempenho de suas atividades;

❏ *despesas* – são decréscimos nos benefícios econômicos durante o período contábil na forma de saída ou redução de ativos ou incrementos em passivos que resultem em decréscimos do patrimônio líquido e que não sejam provenientes de distribuição de resultado ou de capital ao proprietário da entidade;
❏ *custos* – são os gastos realizados na produção de bens ou serviços e vistos como essenciais na realização dessas atividades;
❏ *perdas* – representam outros itens que se enquadram na definição de despesas ou custos. Podem ou não surgir no curso normal das atividades da entidade, representando decréscimos nos benefícios econômicos e, como tal, não são de natureza diferente das demais despesas ou custos. Assim, não são consideradas um elemento à parte da estrutura conceitual. Quando consideradas normais e decorrentes do processo produtivo (exemplo: perda por evaporação), são classificadas como custo. No caso de serem anormais, ou seja, ocorrerem de forma extraordinária no desempenho da atividade normal da empresa (exemplo: incêndio no estoque de matéria-prima), são consideradas despesas operacionais, não sendo computadas como custo do processo produtivo;
❏ *investimentos* – os investimentos são representados por aplicações de recursos em participações societárias e em bens e direitos que não se destinem à comercialização ou ao uso nas atividades operacionais. Como exemplos, temos os itens presentes no ativo não circulante. A aquisição de um equipamento para compor a planta da fábrica representa um investimento típico, como aqui descrito.

Algumas alterações patrimoniais modificam o patrimônio líquido da empresa de forma quantitativa, exercendo, portanto, um efeito aumentativo ou diminutivo. A formação desse resultado é evidenciada na demonstração do resultado do exercício.

Demonstração do resultado do exercício (DRE)

Como o próprio nome indica, a DRE demonstra o resultado (lucro ou prejuízo) do exercício, ou seja, se as aplicações em ativo trouxeram ou não retorno para a empresa. Essa demonstração evidencia basicamente o cotejamento das receitas com as despesas incorridas em um determinado exercício social medindo o desempenho econômico em Regime de Competência. De forma prática, a DRE pode ser dividida em duas partes. A primeira parte representa o esforço de obtenção do produto que foi vendido, terminando no valor do resultado operacional bruto. Entretanto, não basta produzir ou obter o produto para conseguir receita. A segunda parte demonstra os esforços de venda e de administração que dão sustentabilidade à gestão da empresa, inclusive a tributação (imposto de renda e contribuição social), originando o resultado operacional líquido.

Estrutura da DRE

Vamos estruturar uma DRE para fins didáticos da empresa Zucafahi e tecer alguns comentários sobre os principais itens.
Demonstração do resultado – Cia. Zucafahi, em 31/12/20XX ($ mil). Considere os dados referentes à nota fiscal abaixo e posteriormente preencha a DRE.

Nota fiscal nº 2010 de 31/12/2011		
Cia. Zucafahi	$ mil	$ mil
Preço total da nota fiscal		18.000
IPI sobre vendas	3.000	
ICMS sobre vendas	2.700	5.700

Os gastos (custo dos produtos vendidos – CPV) na fábrica foram:

Itens	$ mil
Matéria-prima	1.450
Mão de obra	1.950
Outros custos de fabricação	600
Total do CPV	4.000

Foram geradas as despesas e receitas vistas a seguir:

Itens – contas analíticas	Classificação	$
Propaganda, comissão de vendedores, fretes.	Vendas	(800)
Honorários dos diretores, aluguel do escritório.	Administrativas	(400)
Juros incorridos e outras despesas financeiras.	Financeiras	(200)
Aplicações financeiras renderam juros – receitas financeiras.	Financeiras	100
Total das despesas operacionais		(1.300)

Com base no resultado antes dos tributos sobre o lucro (RATSL), a empresa apurou:

Contas de resultado	Alíquota (%)
Imposto de renda (IR)	15
Contribuição social (CS)	9

Como receitas referentes a atividades descontinuadas, a empresa vendeu imobilizado, gerando um lucro de $ 400.

Com base no lucro apresentado, a empresa apurou os seguintes impostos:

Contas de resultado	Alíquota (%)
Imposto de renda (IR)	15
Contribuição social (CS)	9

Apenas os administradores tiveram participação no lucro no valor de $ 624.

Após os fatos aqui apresentados, será estruturada a demonstração do resultado do exercício da Zucafahi.

CIA. ZUCAFAHI, EM 31/12/20XX

Demonstração do resultado do exercício	$ mil	$ mil
Receita (venda) operacional bruta (ROB)		18.000
(–) Deduções		
IPI sobre vendas	(3.000)	
ICMS sobre vendas	(2.700)	(5.700)
(=) Receita (venda) operacional líquida (ROL)		12.300
(–) Custo dos produtos vendidos		(4.000)
(=) Receita operacional líquida		8.300
(–) Despesas operacionais		
De vendas (comerciais)	(800)	
Administrativas	(400)	(1.200)
(=) Resultado antes das despesas e receitas financeiras (RADRF)		7.100
(–) Despesas financeiras	(200)	
(+) Receitas financeiras	100	(100)
(=) Resultado antes dos tributos sobre o lucro (RATSL)		7.000
(–) Imposto de renda (15%)	(1.050)	
(–) Contribuição social (9%)	(630)	(1.680)
(=) Resultado líquido das operações continuadas (RLOC)		5.320
(+/–) Receitas (e despesas) das atividades descontinuadas		
(+) Lucro na venda de imobilizado	400	
(–) Imposto de renda (15%)	(60)	
(–) Contribuição social (9%)	(36)	(304)
(=) Resultado antes das participações estatutárias (Rape)		5.624
(–) Participações estatutárias dos administradores		(624)
(=) Resultado (lucro ou prejuízo) líquido do período		5.000

Receita operacional bruta

Representa o total das notas fiscais de vendas ou prestação de serviços. Porém, dentro da receita bruta, há componentes que não representam receita efetiva para a empresa vendedora.

Deduções

As deduções não devem ser entendidas como uma despesa e sim como um ajuste da receita operacional bruta. No caso de impostos incidentes sobre vendas, a empresa vendedora é mera depositária fiel desses valores, ou seja, na data aprazada, repassará os impostos para os governos competentes. O imposto sobre circulação de mercadorias e serviços (ICMS), por exemplo, é repassado pela empresa vendedora ao governo estadual.

Seguem alguns exemplos de deduções:

❑ *vendas canceladas/devoluções* – vamos supor que uma empresa comercial tenha vendido um lote de camisas totalmente em desacordo com o pedido da empresa compradora. A cor solicitada era preta e a cor enviada foi lilás, a manga pedida era curta e foram enviadas longas. Assim, a empresa compradora devolverá o lote de camisas para a empresa vendedora;

❑ *abatimentos* – digamos que a mesma empresa comercial tenha vendido diversos pares de tênis, porém, ao abrir as caixas, a empresa compradora constatou que todos os tênis tinham uma pequena mancha. A empresa vendedora propôs à empresa compradora, devido ao defeito apresentado, dar um abatimento no preço dos tênis para compensar o prejuízo. Como o defeito não era algo que comprometesse a venda, a empresa compradora resolveu aceitar o abatimento, tendo em vista a redução de preço concedida pela empresa vendedora;

- *descontos comerciais (incondicionais)* – esse fato ocorre antes da saída da mercadoria, ou seja, no momento da negociação. Vamos supor que a empresa comercial pretenda adquirir um grande volume de camisas a serem vendidas. Assim, a empresa compradora solicita um desconto à empresa vendedora, tendo em vista o grande volume de mercadorias a serem adquiridas. O valor do desconto deve ser destacado na nota fiscal;
- *impostos incidentes sobre vendas* – podem ser citados como exemplo o ICMS, de competência estadual, e o ISS, de competência municipal.

Receita operacional líquida

Diante do exposto, a receita operacional líquida é a receita operacional bruta menos as deduções.

Custos das vendas

A contabilidade somente apresenta, na DRE, o custo proporcional à quantidade vendida e que, dependendo do ramo da empresa, pode ser:

- comercial – custo das mercadorias vendidas;
- industrial – custo dos produtos vendidos;
- serviços – custo dos serviços prestados.

O custo, como já visto, representa o consumo de recursos no processo produtivo, ou seja, consumo de ativos na transformação em outros ativos. A matéria-prima é transformada em produto acabado. Portanto, os gastos no processo de industrialização representam custos.

Resultado operacional bruto

Considera-se resultado operacional bruto a receita operacional líquida subtraída dos custos das vendas.

Despesas operacionais

As despesas operacionais são aquelas essenciais à manutenção da atividade principal da empresa, ou seja, gastos incorridos no processo de geração de receitas. Podemos dividi-las basicamente em:

❑ despesas com vendas – são todas as despesas relacionadas com a área comercial. Exemplos: despesas com comissão de vendas, despesas de fretes, despesas com provisão para créditos de liquidação duvidosa etc.;
❑ despesas administrativas – são todas aquelas essenciais à gestão administrativa. Exemplos: salários e encargos sociais, pró-labore, material de escritório e outras.

Resultado antes das despesas e receitas financeiras

As despesas financeiras são as remunerações aos capitais de terceiros, tais como juros incorridos ou pagos, descontos financeiros concedidos etc. De acordo com o previsto na Lei nº 6.404/1976, as despesas financeiras deverão ser compensadas com as receitas financeiras, formando o chamado resultado financeiro a ser estudado com mais detalhes no capítulo 4.

O resultado antes das despesas e receitas financeiras é uma medida ligada ao negócio principal (*core business*) e representa o resultado contábil gerado pela atividade fim. Esse resultado é comumente chamado de Ebit – sigla em inglês para *earnings before interest and taxes*, isto é, lucros antes dos juros (despesas financeiras) e dos impostos (imposto de renda e contribuição social sobre o lucro).

As modificações recentes impostas pela Lei nº 11.638/2007 implementaram uma regra que já é contemplada nas regras internacionais: a não segregação dos resultados em operacionais e não operacionais. Doravante as entidades deverão apresentar as chamadas "outras receitas/despesas" no grupo operacional e não após a linha do "resultado operacional". Podemos entender que as receitas e despesas operacionais são aquelas que ocorrem normalmente em função da consecução das operações, basicamente receitas, custos e despesas. No caso das outras receitas e despesas, estas acontecem nas empresas de forma eventual.

Imposto de renda e contribuição social

São calculados de acordo com regras específicas para enquadramento dentro das diversas situações de tributação e respectivas bases de cálculo.

O imposto de renda e a contribuição social devem ser calculados e evidenciados separadamente na DRE, quando se tratar de despesas ou receitas resultantes de atividade descontinuada. Esse fato foi destacado na DRE da empresa Zucafahi:

(=) Resultado antes dos tributos sobre o lucro (RATSL)		7.000
(−) Imposto de renda (15%)	(1.050)	
(−) Contribuição social (9%)	(630)	(1.680)
(=) Resultado líquido das operações continuadas (RLOC)		5.320
(+/−) Receitas (e despesas) das atividades descontinuadas:		
(+) Lucro na venda de imobilizado	400	
(−) Imposto de renda (15%)	(60)	
(−) Contribuição social (9%)	(36)	(304)
(=) Resultados antes das participações estatutárias (Rape)		5.624

Participações estatutárias

Por fim, caso haja participações devidas, serão deduzidas para podermos obter o resultado do período –, no nosso caso, o lucro líquido do período. São exemplos de participações estatutárias as debêntures, empregados, administradores e partes beneficiárias, mesmo na forma de instrumentos financeiros e de instituições ou fundos de assistência ou previdência de empregados, que não se caracterizem como despesas. Tais participações serão determinadas, sucessivamente e nessa ordem, com base nos lucros que remanescerem depois de deduzida a participação anteriormente calculada.

Resultado líquido

Após a dedução das participações estatutárias, temos como resultado o lucro líquido, que ficará à disposição dos acionistas ou sócios, integrando o patrimônio líquido da empresa.

A demonstração do resultado abrangente (DRA)

Segundo o CPC, em seu Pronunciamento Técnico 26 (R1), todos os itens de receita e despesa são reconhecidos no período em duas demonstrações: demonstração do resultado do período e demonstração do resultado abrangente do período. No item 82 A, o citado pronunciamento estabelece que a DRA deve no mínimo incluir as seguintes rubricas:

(a) resultado líquido do período;
(b) cada item dos outros resultados abrangentes classificados conforme sua natureza (exceto montantes relativos ao item (c);
(c) parcela dos outros resultados abrangentes de empresas investidas reconhecida por meio do método de equivalência patrimonial;
(d) resultado abrangente do período.

Ainda segundo o CPC 26, em seu item 83:

> Os itens que se seguem devem ser divulgados nas respectivas demonstrações do resultado e do resultado abrangente como alocações do resultado do período:
>
> (a) resultados líquidos atribuíveis:
> (i) à participação de sócios não controladores; e
> (ii) aos detentores do capital próprio da empresa controladora;
> (b) resultados abrangentes totais do período atribuíveis:
> (i) à participação de sócios não controladores; e
> (ii) aos detentores do capital próprio da empresa controladora.

Observa-se claramente que a DRA é um relatório de informações complementares à DRE.

Demonstração de lucros ou prejuízos acumulados (DLPA)

Essa demonstração visa apresentar, de forma clara, o resultado líquido do período, sua distribuição e a movimentação ocorrida no saldo da conta de lucros ou prejuízos acumulados.

Com a instituição da figura do dividendo obrigatório e também da faculdade de destacar parcelas do lucro do período para formação das reservas de lucros a realizar e contingências, essa demonstração assume maior importância, pois reflete todos os acréscimos e decréscimos que influenciam a base dos dividendos devidos.

O art. 186 da Lei nº 6.404/1976 estabelece que a demonstração de lucros ou prejuízos acumulados discriminará:

> I – o saldo do início do período e os ajustes de exercícios anteriores;

II – as reversões de reservas e o lucro líquido do exercício;
III – as transferências para reservas, os dividendos, a parcela dos lucros incorporada ao capital e o saldo ao fim do período.

Define ainda em seu §1º que, para efeito de ajustes de exercícios anteriores, devem ser considerados os decorrentes de efeitos da mudança de critério contábil ou da retificação de erro imputável a determinado exercício anterior e que não possam ser atribuídos a fatos posteriores.

A movimentação da conta lucros ou prejuízos acumulados ocorrerá em função de débitos (diminuições) e créditos (aumentos) de diversas origens.

Os créditos podem ser originados de:

❏ ajustes de exercícios anteriores;
❏ reversões de reservas;
❏ lucro líquido do exercício.

Os débitos, que em geral representam apropriação dos lucros, podem ser dos seguintes tipos:

❏ ajustes de exercícios anteriores;
❏ transferência para reservas;
❏ dividendos obrigatórios;
❏ prejuízo do exercício.

Evidentemente, no mesmo exercício não poderá haver lucro e prejuízo líquido. Ao final do período, a empresa apresentará lucro ou prejuízo, mas nunca ambos ao mesmo tempo.

A Lei nº 11.638/2007 eliminou a possibilidade de permanência da conta lucros acumulados no balanço patrimonial. Portanto, as sociedades por ações devem destinar todo o lucro do exercício a reservas previstas na legislação societária ou no estatuto ou à distribuição de dividendos. Essa alteração visa à manutenção do direito dos não controladores sobre os lucros das sociedades por ações.

Ajustes de exercícios anteriores

Os ajustes de exercícios anteriores podem ser oriundos de duas fontes: de mudança de critério contábil ou de erro não imputável ao exercício corrente. Tais ajustes devem ser contabilizados diretamente na conta de lucros acumulados, de maneira a aumentá-los ou diminuí-los.

A alteração de critérios contábeis somente deve ocorrer quando essa mudança ocasionar uma melhora na informação contábil. Suponhamos que a empresa, no passado, contabilizava a despesa com garantias na data de seu pagamento (regime de caixa) e, neste exercício, adota o procedimento de contabilizar esse gasto segundo o regime de competência, fazendo a correspondente provisão para garantias. É claro que o pagamento, neste exercício, das garantias referentes a vendas do exercício anterior deve ser lançado na conta de lucros acumulados e não no resultado do exercício, evitando assim elevar o gasto indevidamente nesse resultado.

Convém ressaltar que a mudança de critério é diferente de mudança de situação. Vejamos um caso em que ocorre esta última. Uma empresa vem depreciando um bem pela taxa de 25% a.a., ou seja, considera sua vida útil de quatro anos e, passado algum tempo, altera a taxa de depreciação para 20% a.a. em função de nova estimativa do prazo de vida útil do bem.

Tal mudança não é de critério, e sim de situação (estimativa). O critério é depreciar o bem pela sua vida útil. Esse fato, quando relevante, deve ser indicado em notas explicativas, porém não será contabilizado na demonstração de lucros acumulados e sim no resultado do período.

Os erros devem ser evitados. Porém, se descoberto algum, deve ser feita sua correção, usando a conta de lucros ou prejuízos acumulados.

Reversão de reservas

As reversões de reservas são importantes porque algumas delas alteram o montante que servirá de base para a apuração do dividendo obrigatório. É o caso, por exemplo, da reserva de contingência.

É importante notar que a provisão para contingências tem como fato gerador algo já ocorrido – por exemplo, uma demanda trabalhista por parte de ex-empregado. Nesse caso, há uma perda provável e um credor em potencial. No caso de reserva de contingência, não ocorreu o fato gerador da perda, mas há uma probabilidade de que venha a ocorrer no futuro, por exemplo, uma enchente.

As reservas, quaisquer que sejam suas origens, não se confundem com as provisões. Assim, não teremos, na demonstração de lucros ou prejuízos acumulados, quaisquer valores a título de reversão de provisão, os quais serão revertidos diretamente na conta de resultado do exercício.

Transferências para reservas

As transferências para reservas são efetuadas de acordo com as disposições estatutárias, que se baseiam em normas legais e são propostas pela administração.

A administração pode propor, por exemplo, a destinação de parte do resultado para a formação de reserva para contingência. Tal proposta deverá ser justificada pela administração à assembleia geral.

As reservas estatutárias são, como o próprio nome indica, aquelas cujos critérios de apuração, finalidades e limites máximos se encontram claramente definidos nos estatutos.

Por último, a reserva legal (prevista na legislação em vigor) deverá ser constituída à base de 5% do lucro líquido (antes de qualquer outra destinação) até o montante de 20% do capital social. Tendo por finalidade assegurar a integridade do capital social, essa reserva só pode ser utilizada para aumentar o capital ou para compensar prejuízos.

Destinação dos lucros – dividendos

A apuração do dividendo obedece, na atual legislação, a critérios bem-definidos que limitam o poder da administração e das controladoras com relação ao montante a ser distribuído.

O total dos dividendos a serem distribuídos e o montante por ação deverão ser indicados nessa demonstração.

Conforme comentado, sendo a empresa uma sociedade por ações, todo o lucro remanescente após a constituição das reservas deverá ser destinado à distribuição de dividendos.

Veja a seguir um exemplo de DLPA.

DEMONSTRAÇÃO DE LUCROS OU PREJUÍZOS ACUMULADOS (DLPA)

Cia. Zucafahi em 31/12/20X2	$ mil
Lucro (ou prejuízo) acumulado (20X1) – Balanço patrimonial	0
(+) Lucro líquido – DRE – 20X2	3.500
(–) Destinações do resultado:	
Reserva legal – 5%	(175)
Reservas estatutárias – 10%	(350)
Dividendos a pagar	(2.975)
(=) Lucro (ou prejuízo) acumulado em 31/12/20X2	0

Demonstração das mutações do patrimônio líquido (DMPL)

Essa demonstração não é obrigatória pela Lei das S/A, mas sua publicação é exigida, para as empresas abertas, pela CVM, em sua Instrução nº 59, de 22 de dezembro de 1986, e faz parte do conjunto completo de demonstrações contábeis conforme o Pronunciamento Técnico CPC 26 (R1) – Apresentação das Demonstrações Contábeis (CPC, 2011a).

A DMPL é de muita utilidade, pois fornece a movimentação ocorrida durante o exercício nas diversas contas componentes do patrimônio líquido, fazendo clara indicação do fluxo de uma conta para outra e apontando a origem e o valor de cada acréscimo ou diminuição no patrimônio líquido durante o exercício.

Trata-se, portanto, de informação que complementa os demais dados constantes do balanço e da demonstração de resultado do exercício e é particularmente importante para as empresas que tenham seu patrimônio líquido formado por diversas contas e mantenham com elas inúmeras transações.

Sua importância se torna mais acentuada em face dos critérios da lei, pois a demonstração indicará claramente a formação e a utilização de todas as reservas, e não apenas das originadas por lucros. Servirá também para melhor compreensão, inclusive quanto ao cálculo dos dividendos obrigatórios.

Podemos destacar as seguintes contas componentes dessa demonstração: capital social, reservas e lucros ou prejuízos acumulados.

A Lei nº 6.404/1976, em seu art. 186, §2º, faculta a inclusão da demonstração de lucros ou prejuízos acumulados na demonstração das mutações do patrimônio líquido.

Finalmente, no caso da avaliação de investimentos em empresas coligadas ou controladas pelo método de equivalência patrimonial, torna-se de muita utilidade receber das empresas investidas tal demonstração, para que possa ser dado um adequado tratamento contábil às variações da equivalência patrimonial no exercício.

A seguir, um exemplo prático.

Cia. Zucafahi – Balanço patrimonial em 31/12/2010 ($ mil)			
Ativo	$	Passivo e patrimônio líquido	$
Ativo circulante		Passivo circulante	
Caixa e equivalentes de caixa	13.000	Dividendos	5.000
Subtotal do ativo circulante	13.000	Subtotal passivo circulante	5.000
Ativo não circulante		Patrimônio líquido	
Imobilizado		Capital social	10.000
Prédios	1.500	Reserva legal	1.000
Máquinas e equipamentos	2.000	Reservas estatutárias	0
(–) Depreciação acumulada	(500)		
Subtotal do ativo não circulante	3.000	Subtotal do patrimônio líquido	11.000
Total dos ativos	16.000	Total do passivo e patrimônio líquido	16.000

No transcorrer do ano de 2011, houve um aumento de capital social (integralização/aporte) em dinheiro de $ 3.000 efetuado pelos sócios. Tal fato provoca alteração no patrimônio líquido (PL) da empresa.

A Cia. Zucafahi gerou um lucro, no exercício de 2011, de $ 5.000. A destinação desse lucro deve ocorrer da seguinte forma:

❑ 5% do lucro líquido serão destinados à reserva legal;

- 10% do lucro líquido serão destinados à reserva estatutária;
- o saldo remanescente após a constituição das reservas será distribuído entre os acionistas.

PROCEDIMENTO DE CÁLCULO DO SALDO REMANESCENTE DO LUCRO DE 2011 DA CIA. ZUCAFAHI

Itens	% de participação sobre o lucro líquido	$
a) Lucro líquido (DRE)		5.000
b) Reserva legal – 5% (Lei nº 6.404/1976)	5	250
c) Reservas estatutárias – 10%	10	500
d) Saldo remanescente: d = a – (b + c)		4.250

DEMONSTRAÇÃO DAS MUTAÇÕES DO PATRIMÔNIO LÍQUIDO (DMPL)

Cia. Zucafahi – Demonstração das mutações do patrimônio líquido (DMPL) em 31/12/2011					
Patrimônio líquido	Capital social	Reserva legal	Reservas estatutárias	Lucros (prejuízos) acumulados	Total do PL
Saldo inicial 31/12/2010	10.000	1.000	0	0	11.000
Aumento de capital	3.000				3.000
Lucro em 31/12/2011				5.000	5.000
Destinação do lucro					
Reserva legal – 5%		250		(250)	0
Reservas estatutárias – 10%			500	(500)	0
Dividendos				(4.250)	(4.250)
Saldo final 31/12/2011	13.000	1.250	500	0	14.750

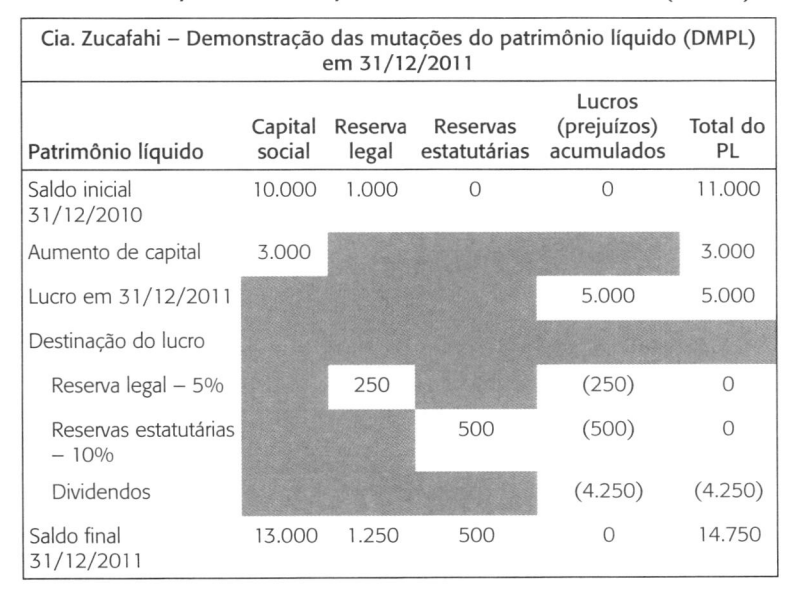

Após a elaboração da demonstração das mutações do patrimônio Líquido (DMPL), os valores (saldo final) de 31/12/2011 foram transferidos para o balanço patrimonial.

Cia. Zucafahi – Balanço patrimonial em 31/12 ($ mil)					
Ativo	2011	2010	Passivo e patrimônio líquido	2011	2010
Ativo circulante	$	$	Passivo circulante	$	$
Caixa e equivalentes de caixa	16.500	13.000	Dividendos a distribuir	4.250	5.000
Subtotal do ativo circulante	16.500	13.000	Subtotal do passivo circulante	4.250	5.000
Ativo não circulante			Patrimônio líquido		
Imobilizado			Capital social	13.000	10.000
Prédios	1.500	1.500	Reserva legal	1.250	1.000
Máquinas e equipamentos	2.000	2.000	Reservas estatutárias	500	0
(–) Depreciação acumulada	(1.000)	(500)			
Subtotal do ativo não circulante	2.500	3.000	Subtotal do patrimônio líquido	14.750	11.000
Total do ativo	19.000	16.000	Total do passivo e PL	19.000	16.000

Obs.: Os valores atribuídos aos grupos de contas do ativo circulante e do ativo não circulante são aleatórios.

Os relatórios contábeis já estudados possuem em comum a característica de considerar a evolução econômica do patrimônio da empresa sem, no entanto, observar se há movimentação financeira associada àquela evolução. Essa movimentação financeira, que será estudada a seguir, é representada pelos fluxos de caixa da empresa, que evidenciam basicamente os recebimentos e pagamentos efetuados por ela no dia a dia.

3

Demonstração dos fluxos de caixa e demonstração do valor adicionado

A multiplicidade de usuários da contabilidade e suas inúmeras necessidades de informação fazem com que devam ser geradas outras demonstrações contábeis que atendam a seus interesses. Neste capítulo, estudaremos outros relatórios, alguns existentes já há algum tempo e outros mais modernos, cujos objetivos são atender a estas necessidades.

Demonstração dos fluxos de caixa (DFC)

A demonstração dos fluxos de caixa, que passaremos a chamar de DFC, é uma demonstração de caráter financeiro que evidencia as modificações ocorridas no saldo de caixa e "equivalentes de caixa" das empresas em um determinado período através de fluxos de recebimentos e pagamentos. Essa demonstração substituiu a demonstração das origens e aplicações de recursos (Doar) a partir do advento da Lei nº 11.638/2007. A Resolução CFC nº 1.296/2010 (CFC, 2010a) aprovou a NBC TG 3 – Demonstração dos Fluxos de Caixa, que tem por base o Pronunciamento Técnico CPC 03 (R2).

A DFC tem como objetivo, em primeira instância, explicar as variações de caixa e equivalentes de caixa de um período para o outro. Tem também o papel de fornecer subsídios históricos para a projeção dos fluxos de caixa, visando à predição de retornos futuros aos acionistas e da capacidade de honrar suas obrigações para com financiadores e fornecedores.

É por meio dessa demonstração que se pode entender por que uma empresa que apresenta lucro não necessariamente apresenta dinheiro em caixa e equivalentes de caixa ou vice-versa. O *caixa* compreende numerário em espécie e depósitos bancários disponíveis. Os *equivalentes de caixa* são aplicações financeiras de curto prazo (até 90 dias da data de aplicação até o resgate, por exemplo, CDB e RDB prefixados, poupança e títulos de dívida pública) de alta liquidez, que são prontamente conversíveis em um montante conhecido de caixa e que estão sujeitas a um insignificante risco de perda de valor. Esses investimentos, apesar de não estarem em forma de moeda, podem ser convertidos em moeda instantaneamente. Os equivalentes de caixa são mantidos com a finalidade específica de atender compromissos de caixa de curto prazo e não para investimento ou outros propósitos.

A DFC é um relatório homologado pelo Conselho Federal de Contabilidade através da NBC TG 3 e já comprovou ser de extrema utilidade para diversos fins, tendo em vista sua simplicidade e abrangência, principalmente no que diz respeito aos aspectos financeiros que envolvem o dia a dia da entidade. O art. 176 da Lei nº 6.404/1976, a partir das alterações pela Lei nº 11.638/2007, torna a DFC obrigatória para as sociedades por ações. No entanto, de acordo com o §6º do mesmo artigo, "a companhia fechada com patrimônio líquido, na data do balanço, inferior a R$ 2.000.000 (dois milhões de reais) não será obrigada à elaboração e publicação da demonstração dos fluxos de caixa".

Relação entre DFC, DRE e balanço patrimonial

A DFC se apresenta pelo regime de caixa, enquanto as demais demonstrações contábeis são elaboradas respeitando-se o regime da competência de exercícios. É evidente que existe uma defasagem entre o momento de aquisição do bem ou direito e sua realização por meio da venda e de seu devido recebimento. Se as operações comerciais de comprar, estocar, vender, pagar e receber fossem simultâneas, seria mais fácil observar seu resultado. Mas não é isso que ocorre; daí a necessidade de observarmos separadamente as demonstrações, entendendo sua ligação.

A DRE evidencia o desempenho econômico e apresenta o resultado das operações da empresa – no caso, lucro ou prejuízo –, que certamente não coincidirá com o saldo de caixa e equivalentes de caixa, por causa da defasagem já abordada no parágrafo anterior; porém, muito provavelmente, o lucro transitará pelo caixa da empresa mais cedo ou mais tarde.

A seguir, um exemplo.

A empresa Beta vendeu para a Alpha $ 100.000, sendo 10% à vista e 90% a prazo, e teve despesas de $ 40.000, sendo 30% à vista e 70% a prazo.

Beta – Comparativo de fluxo econômico (DRE) versus financeiro (DFC) ($ mil)			
Operações	Fluxo econômico	Fluxo financeiro	Variação
Receitas de vendas	100	10	90
Despesas	(40)	(12)	(28)
Resultado	60	(2)	62

Observa-se que a empresa Beta teve um resultado econômico de $ 60 (lucro) e fluxo financeiro desfavorável de (2). Portanto, a empresa Beta está economicamente bem, por apresentar lucro no período, porém a situação financeira não é boa, pois houve mais pagamentos (desembolsos) do que recebimentos de recursos. Nesse caso, evidenciou-se que, embora a empresa tenha lucro econômico de $ 60, mensurado através do regime de competência, os recebimentos no fluxo financeiro (DFC) são menores, ou seja, a empresa vendedora recebeu somente $ 10.000 (10% de $ 100.000), ficando a receber (duplicatas a receber) $ 90.000 (90% de $ 100.000). Quanto às despesas de $ 40.000, foram pagos/desembolsados $ 12.000 (30% de $ 40.000), ficando a pagar (duplicatas a pagar) $ 28.000 (70% de $ 40.000).

O balanço patrimonial, embora seja um relatório estático, discrimina o saldo das disponibilidades financeiras, e o DFC demonstra a movimentação dessas contas no período – daí sua grande importância.

As atividades na DFC

O termo atividade, nos fluxos de caixa, representa qualquer fato contábil que provoque aumento ou diminuição na conta patrimonial caixa e nos equivalentes de caixa da empresa, ou seja, representa entradas e saídas de recursos financeiros. A DFC deve ser segregada em três tipos de atividades: atividades operacionais, de investimentos e de financiamentos.

O fluxo das atividades operacionais envolve a produção e a venda de bens e a prestação de serviços, e normalmente se relaciona às transações que transitam na DRE. Também estão nesse tipo de atividade todas as demais transações que não se enquadram nas atividades de investimentos ou de financiamentos. São exemplos de fatos contábeis a serem classificados como atividades operacionais:

- recebimentos – clientes;
- pagamentos – fornecedores, salários, impostos e encargos financeiros.

O fluxo das atividades de investimento, em linhas gerais, envolve as transações com os ativos não circulantes (realizável a longo prazo, investimentos, imobilizado e intangível). São exemplos de operações das atividades de investimento:

a) recebimentos – venda de participações societárias e venda de ativo imobilizado;
b) pagamentos – aquisição de participações societárias e compra de ativo imobilizado.

O fluxo das atividades de financiamento contempla os recursos financeiros oriundos de credores (passivo exigível) e investidores para a entidade (patrimônio líquido). Inclui a obtenção de recursos dos sócios e o pagamento a estes de retornos sobre seus investimentos, ou seja, a forma como a empresa capta recursos para financiar sua operação e a remuneração resultante da aplicação desses recursos na empresa, tanto dos recursos de terceiros quanto dos próprios:

❑ recebimentos – empréstimos bancários e integralização de capital social em dinheiro;
❑ pagamentos – principal dos empréstimos obtidos e dividendos.

Vale registrar a importância da análise do fluxo de caixa decorrente das atividades operacionais devido à riqueza de suas informações, ou seja, a verificação do valor do caixa operacional (gerado) e o consumo (destinação) desses recursos para financiar as políticas operacionais e de investimentos da empresa.

Métodos de elaboração

Existem dois métodos para a elaboração da DFC: o método direto e o método indireto.

Método direto

O método direto consiste em apresentar os recebimentos e pagamentos da empresa pelos valores brutos referentes às suas operações.

Apesar de ser mais trabalhoso, é também de mais fácil entendimento para os usuários não contadores; por isso, o Financial Accounting Standards Board (Fasb), órgão normatizador das práticas contábeis norte-americanas, recomenda que as empresas façam a DFC utilizando esse método. Conta também a seu favor o fato de as informações de caixa estarem disponíveis diariamente.

Método indireto

O método indireto consiste em partir do lucro líquido, ajustando-o, ou seja, somando ou subtraindo dele os itens que afetam o lucro mas não afetam o caixa ou vice-versa.

É o método mais utilizado nos países onde há obrigação legal de apresentação da DFC, pois, além de sua fácil elaboração, ele permite que o usuário confira os dados apresentados com as demais demonstrações contábeis, gerando assim maior credibilidade para a demonstração.

Caso seja utilizado o método direto para apurar o fluxo de caixa gerado pelas operações, exige-se a evidenciação, em notas explicativas, da conciliação deste com o resultado líquido do período. Essa conciliação deve refletir de forma segregada as principais classes de itens a conciliar. É obrigatório evidenciar separadamente as variações nos saldos das contas de ativos circulantes (exceto caixa e equivalentes de caixa) e passivos circulantes.

No caso do método indireto, é exigido que constem nas notas explicativas os valores dos pagamentos de juros, imposto de renda e contribuição social sobre o lucro líquido.

Conclui-se, por essas exigências, que, no caso da DFC pelo método direto, a empresa deverá elaborar um complemento de informações que, essencialmente, são evidenciadas na DFC pelo método indireto. Isso reforça a opção das empresas por demonstrarem os fluxos de caixa pelo método indireto, pois as informações complementares em notas explicativas são mínimas. Podemos dizer que a DFC pelo método indireto faz a conciliação entre o resultado apurado pelo regime de competência e o apurado pelo regime de caixa (caixa gerado).

Estrutura da DFC

A seguir, vamos apresentar a DFC estruturada segundo os dois métodos citados.

Método direto

Demonstração dos fluxos de caixa	
Fluxo das atividades operacionais	
Recebimentos de clientes	1.000.000,00
(–) Pagamento a fornecedores	(351.000,00)
(–) Salários	75.080,00
(–) Impostos	251.816,00
Caixa líquido das atividades operacionais	322.104,00
Fluxo de caixa das atividades de investimento	
Venda do imobilizado	35.000,00
Dividendos recebidos	250.000,00
Recebimento de empréstimos concedidos	15.000,00
(–) Compra de imobilizado	(120.000,00)
(–) Empréstimos concedidos	(10.000,00)
(–) Aquisição de participação societária	(150.000,00)
Caixa líquido das atividades de investimento	20.000,00

Continua

Fluxo das atividades de financiamento:	
Empréstimos recebidos	250.000,00
Ações emitidas	180.000,00
(–) Pagamento dos empréstimos obtidos	(165.000,00)
(–) Dividendos pagos	(263.233,60)
Caixa líquido das atividades de financiamento	**1.766,40**
Aumento/diminuição de caixa e equivalentes de caixa	343.870,40
Saldo inicial de caixa e equivalentes de caixa	308.969,60
Saldo final de caixa e equivalentes de caixa	652.840,00

Método indireto

Demostração dos fluxos de caixa	
Fluxo das atividades operacionais	
Lucro líquido	526.467,20
(+) Depreciação, amortização e exaustão	20.000,00
(–) Aumento em duplicatas a receber	(352.300,00)
(+) Aumento em fornecedores	147.936,80
(+) Aumento em salários a pagar	25.000,00
(–) Diminuição de impostos a pagar	(45.000,00)
Caixa líquido das atividades operacionais	**322.104,00**
Fluxo das atividades de investimentos	
(–) Aumento no imobilizado	(85.000,00)
(+) Redução de empréstimos concedidos	5.000,00
(–) Dividendos recebidos	250.000,00
(–) Aquisição de participação societária	(150.000,00)
Caixa líquido das atividades de investimento	**20.000,00**
Fluxo das atividades de financiamento:	
(+) Aumento de empréstimos recebidos	85.000,00
(+) Ações emitidas	180.000,00
(–) Dividendos pagos	(263.233,60)
Caixa líquido das atividades de financiamento	**1.766,40**

Continua

Aumento/diminuição de caixa e equivalentes de caixa	343.870,40
Saldo inicial de caixa e equivalentes de caixa	308.969,60
Saldo final de caixa e equivalentes de caixa	652.840,00

Para um melhor entendimento do assunto, vamos apresentar um exemplo prático. Inicialmente, será estruturada a DFC em um modelo simplificado e, em seguida, pelo método direto.

Fato nº	Fatos contábeis – Jocara (2011)	$ mil
1	Recebimento de diversas vendas (receitas) à vista	220
2	Despesas com publicidade pagas à vista	40
3	Compras de mercadorias a prazo	30
4	Aporte de capital em dinheiro efetuado pelos acionistas	80
5	Compra de veículos à vista	50
6	Depreciação apurada (fato econômico) ao longo do ano de 2011	15
7	Pagamento dos dividendos (remuneração ao acionista) de 2010	20
8	Amortização (pagamento) de dívidas de longo prazo	30

Cia. Jocara – Balanço patrimonial em 31/12/ ($ mil)		
	2009	2010
Ativo circulante	$	$
Caixa e equivalentes de caixa	45	90

Cia. Jocara – Demonstrativo (simplificado) do fluxo de caixa em 31/12/2011			
	Fato nº	$ mil	$ mil
Saldo inicial de caixa e equivalentes de caixa			90
Entradas (recebimentos)			
Diversas vendas à vista	1	220	
Aporte de capital	4	80	300
Saídas (pagamentos)			

Continua

Publicidade	2	(40)	
Aquisição de veículos	5	(50)	
Pagamento de dividendos de 2010	7	(20)	
Amortização de dívidas de longo prazo	8	(30)	(140)
Saldo final de caixa e equivalentes de caixa			250

Cia. Jocara – Fluxos de caixa (método direto) em 31/12/2011 ($ mil)		
	Fato nº	$
a) Atividades operacionais		
Diversas vendas à vista	1	220
Despesas com publicidade	2	(40)
(=) Caixa operacional: gerado ou (consumido) nas atividades operacionais		180
b) Atividades de investimento		
Aquisição de veículos	5	(50)
(=) Caixa gerado ou (consumido) nas atividades de investimento		(50)
c) Atividades de financiamento		
Aporte de capital	4	80
Dividendos de 2010	7	(20)
Amortização de dívidas de longo prazo (PNC)	8	(30)
(=) Caixa gerado ou (consumido) nas atividades de financiamento		30
(=) Aumento ou diminuição líquidos ao caixa e equivalentes de caixa (a+b+c)		160
(+) Caixa e equivalentes de caixa no início do período		90
(=) Caixa e equivalentes de caixa no final do período 2011		250

Dessa forma, observa-se a geração de caixa operacional da Cia. Jocara:

Itens	Fato contábil nº	$
Caixa operacional (gerado)		180
Aquisição de imobilizado – veículo	5	50
Dividendos pagos (remuneração ao acionista)	7	20
Amortização de dívidas de longo prazo	8	30
Somatório dos pagamentos efetuados		80

O caixa decorrente da atividade operacional (caixa operacional) foi gerado, ou seja, foi suficiente para solver as exigências mínimas de caixa.

Conforme sumário do Pronunciamento Técnico CPC 03 (R2), o fluxo de caixa decorrente das atividades operacionais é uma medida extremamente importante, pois ajuda a gestão a avaliar se o caixa decorrente da atividade operacional foi suficiente (adequado) para solver seus compromissos mínimos de caixa – por exemplo, financiar a política de investimento de longo prazo (atividade de investimento), pagar dívidas com os acionistas e pagar dívidas de longo prazo (atividade de financiamento). No caso em questão, o caixa da Jocara foi gerado e suficiente para pagar aquisição de imobilizado (veículos), dividendos e pagar dívidas de longo prazo. Cabe ressaltar que, por intermédio da DFC de modelo direto, alcança-se um dos objetivos essenciais traçados nesse pronunciamento técnico, que é termos a contabilidade como uma ferramenta de gestão, contribuindo com o processo de tomada de decisão.

Demonstração do valor adicionado (DVA)

Inicialmente é preciso estabelecer o conceito de valor adicionado. Temos os conceitos adotados pela contabilidade e pela economia.

A contabilidade, para cálculo do valor adicionado, parte do valor das vendas, enquanto a economia parte do valor da produção. O conceito de riqueza contábil está intimamente ligado a lucro, que é apurado pela diferença entre receitas e despesas. No ato de uma venda, apuramos como ganho o valor da receita. Ocorre que, quando efetuamos uma venda, existem outros "ganhos" não contabilizados no ato de vender, tais como a fidelização do cliente, a geração do valor da marca da empresa etc. Acresce-se a isso o fato de que várias entidades serão beneficiadas direta ou indiretamente com a venda. É essa ideia que serve de base para o cálculo do valor adicionado pelo aspecto econômico.

Como exemplo, vamos considerar uma empresa que não faça venda em um determinado período. A receita seria zero e o valor adicionado idem, pelos conceitos contábeis. Já pelo conceito econômico, o valor adicionado não seria zero, pois também é considerada valor adicionado a diferença entre o valor de mercado e o valor pago a terceiros por insumos no processo produtivo.

A demonstração do valor adicionado (DVA) foi introduzida pela Lei nº 11.638/2007, em seu art. 176, inciso V. É de natureza econômica, visto que a empresa apresenta o quanto de riqueza foi gerado em suas atividades e quanto desse valor foi distribuído em cada setor da sociedade.

A demonstração do resultado do exercício apresenta como foi formado o lucro da empresa, resultante da diferença entre a receita obtida com uma venda e os esforços para obter o produto vendido (contabilizado como custo) mais o esforço de venda (contabilizado como despesa). O lucro é a parte do valor adicionado que pertence aos sócios.

Já a demonstração do valor adicionado é mais ampla, porque mostra a parte que pertence aos sócios, a que pertence a terceiros que financiaram a empresa (juros), a que pertence aos empregados e a que fica com o governo.

De forma resumida, pode-se dizer que a DRE é voltada para o acionista e a DVA para toda a sociedade.

Assim, a DVA apresenta o valor agregado, e a soma dos valores agregados de todas as empresas é semelhante ao produto interno bruto (PIB), que é a riqueza gerada por um país. A diferença entre o valor agregado (relativo às vendas) e o PIB (relativo à produção) consiste basicamente nos estoques.

A importância dos dados fornecidos

Ao analisarmos as informações geradas pela DVA, constatamos que elas são de grande utilidade principalmente para os governantes, pois oferecem uma visão macroeconômica da empresa.

Os municípios, estados ou até mesmo os países, de modo geral, ao estimular a instalação de empresas em determinados locais dando-lhes incentivos fiscais, poderiam selecioná-las através de análise do quanto de riqueza esta ou aquela empresa geraria para aquela população (salários, impostos e produtos adquiridos).

Modelos de DVA

Como visto, na ciência econômica o conceito de valor adicionado se dá com base na produção e não nas vendas. Por isso existem algumas divergências com relação ao modelo a ser adotado e à forma de elaboração da DVA. Vamos adotar o modelo baseado no conceito contábil.

Entre os itens que compõem a DVA e que geram polêmica ao serem discriminados, podemos citar os casos da depreciação e da contribuição previdenciária (INSS).

No que se refere à depreciação, ela pode ser tratada de duas formas distintas na DVA: a primeira é deduzir a depreciação do valor adicionado bruto, criando assim um valor adicionado líquido; a segunda é tratá-la como retenção do valor adicionado gerado pela empresa, registrando-a na segunda parte da DVA, onde estão evidenciados os valores distribuídos ou retidos pela empresa. A primeira forma demonstra-se mais adequada, uma vez que a depreciação representa efetivamente uma redução do valor econômico da empresa.

Em relação à contribuição previdenciária, é defendida sua demonstração junto à remuneração aos empregados, como no caso do FGTS, assistência médica etc. Mas há quem defenda que ela deva ser demonstrada separadamente, já que a mesma não retorna ao empregado completamente, indo para os cofres públicos e sendo utilizada para custear a "máquina do governo" em todas as áreas.

Se, para a empresa, o governo é apenas um intermediário entre ela e seus empregados com relação a esses recursos, então os mesmos devem ser tratados como remuneração indireta aos empregados, já que estes serão os beneficiários daqueles no futuro.

Apesar de não se tratar de assunto polêmico, cabe registrar que os materiais consumidos (custo das mercadorias vendidas) devem incluir os impostos dos quais a empresa é mera arrecadadora, pois o consumidor é quem paga, como é o caso do ICMS.

A DVA como informação social

Essa demonstração, por seu caráter essencialmente social, faz parte do conjunto de informações dessa natureza, através da expressão dos valores das riquezas geradas pela empresa e sua distribuição. Devido a esse fator, é considerada por alguns parte integrante do balanço social, enquanto outros a consideram uma demonstração à parte.

Estrutura

A DVA é composta de duas partes: uma em que é demonstrada a riqueza gerada pela empresa e outra em que aparece a distribuição dessa riqueza gerada (valor agregado/adicionado). Não existe um modelo aprovado para a DVA; apenas um consenso de que seja feita uma evidenciação mínima dos componentes geradores do valor adicionado e da sua forma de distribuição ou retenção. A seguir, apresentaremos um modelo dessa demonstração segundo a estrutura proposta pela Fipecafi. Maiores detalhes podem ser encontrados em Iudícibus, Martins e Gelbcke (2007) e Santos (2003).

DEMONSTRAÇÃO DO VALOR ADICIONADO (DVA)	
Apuração do valor adicionado:	R$
Receita de vendas de mercadorias	1.000.000,00
(−) Mercadoria para revenda	(435.000,00)
Outros materiais	(95.000,00)
Serviços de terceiros	(10.000,00)
Propaganda e publicidade	(15.000,00)
Comissões e despesas bancárias	(5.000,00)
Valor adicionado bruto	440.000,00
(−) Depreciação (retenções)	(35.000,00)
Valor adicionado líquido	405.000,00

Continua

Riqueza transferida de terceiros		
Receita financeira		255.000,00
Resultado de equivalência patrimonial		420.000,00
Valor adicionado total a distribuir		1.925.000,00
Distribuição do valor adicionado:	**R$**	**%**
Empregados		
Salários, encargos e comissões	75.080,00	6,95
Honorários da diretoria	30.000,00	2,78
Participação dos empregados	51.080,00	4,73
Participação dos administradores	80.536,80	7,46
Financiadores		
Despesas de juros	21.000,00	1,94
Aluguel	8.500,00	0,79
Governo		
Impostos e contribuições	251.816,00	23,32
Acionistas		
Dividendos	263.233,60	24,37
Lucro retido	298.753,60	27,66
	1.080.000,00	100,00

O CPC, em seu Pronunciamento nº 9, apresenta modelos de DVA como sugestões para alguns tipos de empresa. Apresentamos, a título de ilustração, o modelo abaixo, sugerido pelo CPC para uso das empresas em geral.

Demonstração do valor adicionado — empresas em geral

Descrição	Em R$ mil 20X1	Em R$ mil 20X2
1 Receitas		
1.1 Vendas de mercadorias, produtos e serviços		
1.2 Outras receitas		
1.3 Receitas relativas à construção de ativos próprios		
1.4 Provisão para créd. de liq. duvidosa — reversão/ (constituição)		

Descrição	Em R$ mil 20X1	Em R$ mil 20X2
2 Insumos adquiridos de terceiros (inclui os valores dos impostos — ICMS, IPI, PIS e Cofins)		
2.1 Custos dos produtos, das mercadorias e dos serviços vendidos		
2.2 Materiais, energia, serviços de terceiros e outros		
2.3 Perda/recuperação de valores ativos		
2.4 Outros (especificar)		
3 Valor adicionado bruto (1 − 2)		
4 Depreciação, amortização e exaustão		
5 Valor adicionado líquido produzido pela entidade (3 − 4)		
6 Valor adicionado recebido em transferência		
6.1 Resultado e equivalência patrimonial		
6.2 Receitas financeiras		
6.3 Outras		
7 Valor adicionado total a distribuir (5 + 6)		
8 Distribuição do valor adicionado*		
8.1 Pessoal		
8.1.1 Remuneração direta		
8.1.2 Benefícios		
8.1.3 FGTS		
8.2 Impostos, taxas e contribuições		
8.2.1 Federais		
8.2.2 Estaduais		
8.2.3 Municipais		
8.3 Remuneração de capitais de terceiros		
8.3.1 Juros		
8.3.2 Aluguéis		
8.3.3 Outras		
8.4 Remuneração de capitais próprios		
8.4.1 Juros sobre o capital próprio		
8.4.2 Dividendos		
8.4.3 Lucros retidos/prejuízo do exercício		
8.4.4 Part. dos não controladores nos lucros retidos p/ consolidação		

* O total do item 8 deve ser exatamente igual ao item 7.

Ao encerrar o estudo dos principais relatórios contábeis, ainda não alcançamos nosso objetivo. Existem determinados procedimentos contábeis que, além de serem comuns à maioria das empresas, possuem grande importância, já que promovem significativas alterações patrimoniais. É o assunto abordado no próximo capítulo.

4

Tópicos especiais

A denominação "tópicos especiais" mostra a importância que atribuímos aos assuntos que serão estudados neste capítulo. Tais assuntos possuem grande representatividade não somente por estar presentes na maioria dos negócios estabelecidos, mas principalmente pela influência que possuem na avaliação da evolução patrimonial da empresa, pesando significativamente sobre as informações e resultados apresentados nos relatórios contábeis.

Estoques: métodos de valoração e efeitos sobre o resultado

Os estoques de uma empresa são ativos que compreendem geralmente:

❑ os bens adquiridos com o objetivo de revenda, tais como: mercadorias diversas, veículos, máquinas, equipamentos e outros;
❑ os bens adquiridos para aplicação na produção de outros itens, aplicados direta ou indiretamente no produto: aço, plástico, alumínio e matérias-primas em geral;

- os produtos acabados ou em processo produtivo aguardando prontificação;
- peças sobressalentes de máquinas, equipamentos e veículos, necessárias à manutenção;
- almoxarifado, material de escritório e limpeza;
- no caso de prestador de serviços, os estoques devem incluir os custos do serviço, desde que ainda não tenham sido reconhecidas suas respectivas receitas.

A regra geral de avaliação é a de que os estoques devem ser mensurados pelo custo ou valor líquido de realização – dos dois, o menor. Este último não se confunde com o chamado valor justo. Enquanto o valor líquido de realização representa o preço de venda no decorrer das operações normais, deduzidos os custos e gastos necessários à própria operação, o valor justo é aquele pelo qual um ativo pode ser trocado entre partes interessadas com conhecimento técnico adequado e livres de pressões estranhas ao negócio para que a transação ocorra normalmente.

O custo dos estoques constitui-se de todos os gastos necessários à aquisição, transformação, movimentação e conservação para mantê-los em condição e localização adequadas. Cabe ressaltar que alguns gastos, tais como perdas de produção de natureza acidental, armazenamento não necessário ao processo produtivo e gastos típicos de comercialização, embora envolvendo os itens produzidos, não devem compor os custos do produto.

A soma de todos os fatores aplicados ao processo produtivo representa o custo da produção no período.

Os custos das diversas fases podem ser determinados por dois métodos basicamente: inventário periódico e inventário permanente (ou perpétuo).

Para a avaliação dos estoques, existem vários critérios. Estudaremos apenas três deles.

Métodos de contabilização

Inventário periódico

O método do inventário periódico não exige a manutenção de um registro contínuo dos estoques. Os custos são registrados em contas específicas, em função do tipo de operação. Os custos dos materiais consumidos ou os custos das mercadorias vendidas são calculados no final do período contábil, quando se levantam os estoques físicos. Os cálculos para determinação dos custos são:

- para uma empresa industrial:
  - materiais consumidos = estoque inicial de materiais + compras − estoque final de materiais;
  - custo de produção do período = estoque inicial de produtos em processo + custo fabril − estoque final de produtos em processo;
  - custo fabril = materiais consumidos + mão de obra + custos indiretos de fabricação;
  - custo das mercadorias vendidas = estoque inicial de produtos acabados + custo de produção do período − estoque de produtos acabados;
- para uma empresa comercial:
  - custo das mercadorias vendidas = estoque inicial de mercadorias + compras − estoque final de mercadorias.

Nesse método, é necessário o levantamento físico dos estoques no final de cada período contábil, quando se deseja determinar o custo do período. As contas geralmente utilizadas são *compras*, *vendas* e *estoque de mercadorias*.

Quando a empresa usa o método do inventário periódico, todas as compras são debitadas à conta compras, aos preços de aquisição; todas as vendas são registradas a crédito da conta vendas, aos preços de venda. O valor registrado a débito da conta estoque de mercadorias é o valor do estoque inicial do período em estudo. Esse valor será ajustado no fim do período por meio de um lançamento contra a conta resultado do período.

Inventário permanente

O método do inventário permanente requer a manutenção de um registro contínuo que acompanhe toda a movimentação da conta de mercadorias. As contas geralmente utilizadas são estoque de mercadorias, vendas e custo das mercadorias vendidas.

Quando a empresa adota, para o registro das transações de compra e venda de mercadorias, o método do inventário permanente, a compra de mercadorias é registrada a débito da conta estoque de mercadorias; a venda de mercadorias é registrada por dois lançamentos: o primeiro, debitando a conta caixa ou contas a receber e creditando a conta vendas pelos preços de venda; o segundo registra a saída de mercadorias do estoque, debitando a conta custo das mercadorias vendidas e creditando a conta inventário de mercadorias pelos preços de aquisição.

Critérios de avaliação de estoques

Quando produtos iguais são comprados a preços diferentes e em épocas diversas, os problemas de valoração dos estoques finais e das saídas de mercadorias do estoque se tornam complexos, existindo vários critérios que procuram apresentar soluções adequadas.

Para determinação do custo, temos:

Custo das mercadorias vendidas = estoque inicial + compras − estoque final.

É fácil observar que uma avaliação maior ou menor dos estoques afetará fatalmente o resultado do período, pois:

Resultado do período = receitas – custo das mercadorias vendidas – despesas.

Critério Peps (primeiro a entrar, primeiro a sair)

O critério Peps considera que as primeiras unidades que entraram no estoque, inclusive o estoque inicial, são as primeiras a sair. Nesse caso, as unidades que permanecem no estoque são as unidades referentes às últimas compras. O estoque final terá um valor mais alto no período em que os preços estiverem em elevação. O estoque final de valor mais elevado dará como resultado um custo de vendas mais baixo e, consequentemente, um lucro maior. Esse método, num regime de alta de preços, tem a vantagem de refletir o valor atualizado do estoque final e a desvantagem de distorcer o valor do lucro.

Entrada de mercadorias → Estoques / 3º 2º 1º → Saída de mercadorias.

Para melhor compreensão, vamos observar o exemplo a seguir.

Uma empresa adquire produtos na seguinte sequência de preços:

- produto nº 1 – $ 1.000;
- produto nº 2 – $ 2.000;
- produto nº 3 – $ 3.000.

O preço de venda é de $ 4.500 e são vendidos dois produtos. Partindo do critério Peps, o custo das mercadorias vendidas foi igual a $ 3.000 para os produtos vendidos.

Nesse caso, o lucro seria assim calculado:

Vendas: 2 × 4.500 =	9.000
(–) Custo de vendas: (1.000 + 2.000) =	(3.000)
(=) Resultado bruto =	6.000

Critério Ueps (último a entrar, primeiro a sair)

O custo Ueps considera que as últimas unidades a entrar no estoque são as que sairão em primeiro lugar. Nesse caso, as unidades que permanecem no estoque são as unidades mais antigas. O estoque final terá um valor menor no período em que os preços estão em elevação. Um estoque assim avaliado resultará num custo de vendas mais alto. Um custo de vendas mais alto terá como resultado um lucro menor. O critério Ueps é aquele que, numa economia inflacionária, melhor reflete o lucro do período.

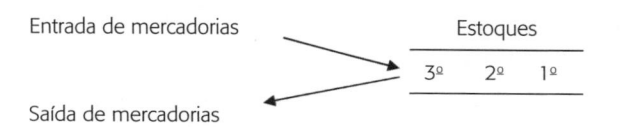

Entrada de mercadorias → Estoques 3º 2º 1º
Saída de mercadorias ←

Usando as informações de nosso exemplo anterior, o lucro do período, pelo critério Ueps, seria:

Vendas: 2 × 4.500 =	9.000
(–) Custo de vendas: (3.000 + 2.000) =	(5.000)
(=) Resultado bruto =	4.000

Cabe observar que o Conselho Federal de Contabilidade (CFC), por intermédio das Normas Brasileiras de Contabilidade

(NBC), mais especificamente na NBC TG 16 – Estoques, ao tratar dos critérios de valoração, estabelece que:

23. O custo dos estoques que não são normalmente intercambiáveis e de bens ou serviços produzidos e segregados para projetos específicos deve ser atribuído pelo uso da identificação específica dos seus custos individuais.

24. A identificação específica do custo significa que são atribuídos custos específicos a itens identificados do estoque. Este é o tratamento apropriado para itens que sejam segregados para um projeto específico, independentemente de eles terem sido comprados ou produzidos. Porém, quando há grandes quantidades de itens de estoque que sejam geralmente intercambiáveis, a identificação específica de custos não é apropriada.

25. O custo dos estoques, que não sejam os tratados nos itens 23 e 24, da NBC TG 16, devem ser atribuídos pelo uso do critério primeiro a entrar, primeiro a sair (PEPS) ou pelo critério do custo médio ponderado (CFC, 2010b).

Dessa forma, verifica-se que é vedada a utilização do critério último que entra, primeiro que sai (Ueps).

Critério CMP (custo médio ponderado)

O custo médio ponderado representa a média ponderada de todas as entradas no estoque, inclusive o estoque inicial. O valor do custo médio do período será adotado para a avaliação das unidades que permanecem no estoque final. O critério do custo médio, embora seja o mais empregado, apresenta as desvantagens dos critérios Peps e Ueps. Entretanto, em uma economia estável, sua utilização compensa as variações de preço do período.

Ainda segundo as informações de nosso exemplo, o custo médio seria:

CMP = [(1 × 1.000) + (1 × 2.000) + (1 × 3.000)] / (1 + 1 + 1) = 2.000.

O resultado do período é:

Vendas: 2 × 4.500 =	9.000
(–) Custo de vendas: (2 × 2.000) =	(4.000)
(=) Resultado bruto =	5.000

A seguir, o quadro 3 apresenta um resumo dos métodos e critérios apresentados:

Quadro 3
Resumo dos métodos e critérios para estoques

Métodos de contabilização	Inventário periódico	Os custos são calculados ao final do período.
	Inventário permanente	Requer manutenção contínua dos registros.
Critérios de avaliação	Peps Primeiro que entra, primeiro que sai	O custo de saída do estoque é o do produto mais antigo.
	Ueps Último que entra, primeiro que sai	O custo de saída do estoque é o do produto mais novo (utilização não permitida).
	CMP Custo médio ponderado	O custo de saída do estoque é a média ponderada de todos os valores unitários dos itens iguais presentes no estoque.

Cabe ressaltar que outras formas de mensuração do custo de estoque podem ser usadas caso sejam julgadas adequadas e os resultados se aproximem do custo apurado pelos métodos já estudados. É o caso do custo padrão e do método de varejo.

O custo padrão leva em consideração os níveis normais de utilização dos itens que compõem os custos de produção e da capacidade produtiva. O método de varejo é aplicado para mensurar estoques de grande quantidade de itens que mudam rapidamente, itens que têm margens semelhantes e para os quais não é factível usar outros métodos. O custo do estoque será determinado pela redução do seu preço de venda na percentagem apropriada da margem bruta.

Analisados os efeitos da valoração dos estoques sobre o patrimônio da empresa, passaremos ao estudo de alterações patrimoniais que se processam tendo em vista modificações econômicas de valores (reduções) de determinados ativos da empresa classificados no ativo não circulante.

Reduções no valor do ativo não circulante

Existem inúmeras reduções que podem surtir efeito sobre o ativo não circulante. Três são as reduções que vamos estudar: depreciação, amortização e exaustão.

Depreciação

No estudo da depreciação, é importante observar os seguintes conceitos, em conformidade com as Normas Brasileiras de Contabilidade (NBC TG 27 (R1) – Ativo Imobilizado), no seu item 6 (Definições):

❏ *Depreciação* é a alocação sistemática (coerente) do valor depreciável de um ativo ao longo de sua vida útil.
❏ *Custo [de aquisição]* é o montante de caixa ou equivalentes de caixa pago ou o valor justo de qualquer outro recurso dado para adquirir um ativo na data da sua aquisição ou construção.

❏ *Vida útil* é:
- (a) o período de tempo durante o qual a entidade espera utilizar o ativo; ou
- (b) o número de unidades de produção ou de unidades semelhantes que a entidade espera obter pela utilização do ativo.

❏ *Valor residual de um ativo* é o valor estimado que a entidade obteria com a venda do ativo, após deduzir as despesas estimadas de venda, caso o ativo já tivesse a idade e a condição esperadas para o fim de sua vida útil.

❏ *Valor depreciável* é o custo de um ativo ou outro valor que substitua o custo, menos o seu valor residual.

❏ *Valor contábil* é o valor pelo qual um ativo é reconhecido após a dedução da depreciação e da perda por redução ao valor recuperável [ambas] acumuladas (CFC, 2013).

A depreciação representa a diminuição do valor de itens classificados no ativo não circulante, causada por desgaste pelo uso, ação da natureza ou obsolescência técnica. Os itens depreciáveis são bens presentes no subgrupo imobilizado. É importante ressaltar que a depreciação não representa um ajuste dos valores daqueles itens a valor de mercado.

A depreciação dos ativos é calculada em função de sua vida útil estimada. A vida útil estimada é o período em que o bem deverá gerar benefícios econômicos para a empresa. A determinação da vida útil estimada (quando isso for possível) permite que a depreciação seja calculada pelo critério que melhor reflita a perda do valor do bem ao longo de sua vida útil.

Existem vários métodos que podem ser aplicados. Entretanto, vamos nos deter no estudo do chamado "método da linha reta". Esse método, também conhecido como "método das cotas constantes de depreciação", é o mais difundido no Brasil.

Ainda, conforme item 55 da NBC TG 27:

a depreciação do ativo se inicia quando este está disponível para uso, ou seja, quando está no local e em condição de funcionamento na forma pretendida pela administração. A depreciação de um ativo deve cessar na data em que o ativo é classificado como mantido para venda (ou incluído em um grupo de ativos classificado como mantido para venda de acordo com a NBC TG 31 – Ativo Não Circulante Mantido para Venda e Operação Descontinuada) ou, ainda na data em que o ativo é baixado, o que ocorrer primeiro. Portanto, a depreciação não cessa quando o ativo se torna ocioso ou é retirado do uso normal, a não ser que o ativo esteja totalmente depreciado.

É importante ressaltar que, "de acordo com os métodos de depreciação pelo uso, a despesa com depreciação pode ser zero enquanto não houver produção" (NBC TG 27, item 55). Nesse caso (depreciação zero), pode-se entender quando a depreciação é feita em função de unidades produzidas, ou seja, se a empresa não produziu, não há que se calcular a despesa de depreciação em relação a uma máquina.

Vamos a um exemplo de quando se inicia a depreciação de um equipamento pelo uso pelo método linear (cotas constantes).

O Hospital São Francisco adquiriu à vista, em 1/6/2012, por $ 1.000.000, um aparelho de ressonância magnética do fabricante Phillips. Teve gastos com frete de $ 20.000. Para deixar o equipamento em perfeitas condições de uso, arcou com gastos de instalação, concluída em 31/7/2012, de $ 80.000. Em 1/8/2012, o equipamento estava em condições de funcionamento e, em 1/10/2012, começou a ser utilizado pelo hospital. A administração estima a vida útil do equipamento em 10 anos. O valor residual estimado para o equipamento é de $ 50.000.

Qual é o valor do saldo da conta depreciação acumulada ao término do ano de 2012?

Bem	(a) $ custo	(b) $ residual	(c) $ depreciável	(d) Taxa proporcional	(e) $ depreciado
			c = a − b	%	e = c × d
Ressonância	1.100.000	50.000	1.050.000	4,166667	43.750

- Determinação do custo atribuído ao imobilizado (aparelho de ressonância magnética):
  custo = fornecedor + frete + instalação.
  custo = 1.000.000 + 20.000 + 80.000.
  custo = 1.100.000 (gastos necessários para deixar o bem em perfeitas condições de uso).
- Determinação da taxa proporcional para cinco meses: 100%/10 anos (vida útil) = 10% a.a.

% a.a.	Meses
10 X = ?	12 5 (1/8 a 31/12/12)

X = [(10 × 5) / 12)] = 4,166667% (representa a taxa proporcional para cinco meses).
O saldo da conta depreciação acumulada no período de 1/8 a 31/12/12 é de $ 43.750.

Outra situação particularmente interessante ocorre quando há necessidade de revisão da vida útil. A seguir, um exemplo.

A empresa Barroso & Coutinho S/A adquiriu uma máquina injetora a ser utilizada em seu processo produtivo que custou $ 1.000. A aquisição foi em 1/1/2010. Os administradores estimam a vida útil em 10 anos e o valor residual em $ 200. Como o ativo deve ser depreciado nos dois primeiros anos?

Bem: máquina injetora	2010	2011
Descrição	$	$
(a) Custo de aquisição	1.000	1.000
(b) Valor residual	(200)	(200)
(c) Valor depreciável: c = a − b	800	800
(d) Vida útil (anos)	10	10
(e) Depreciação anual (cota): e = 10% de c	(80)	(80)
(f) Depreciação acumulada	(80)	(160)
(g) Valor contábil: f = a − e	920	840

No balanço patrimonial e na demonstração de resultado, ficaria evidenciado da seguinte forma:

BALANÇO PATRIMONIAL

Ativo não circulante	2010	2011
	$	$
Imobilizado		
Máquinas	1.000	1.000
(−) Depreciação acumulada	(80)	(160)
Subtotal do ativo não circulante	920	840

Demonstração do resultado do exercício

Barroso & Coutinho S/A − Demonstração do resultado do exercício em 31/12/2011	
Contas de resultado (receitas e despesas)	$ mil
Receita (venda) operacional líquida	−
(−) Custo dos produtos vendidos (CPV):	−
Mão de obra + energia elétrica etc.	−
Depreciação da máquina injetora	(80)
(=) Lucro bruto	−
(−) Despesas operacionais	
(=) Lucro líquido	−

Em 31/12/2011 a vida útil foi revisada para quatro anos e o valor residual para $ 300. Como o ativo deve ser depreciado no terceiro ano, tendo em vista a revisão por parte dos administradores?

Bem: máquina injetora	2012
Descrição:	
Depreciação em 31/12/2012	$
(a) Custo de aquisição	1.000
(b) Depreciação acumulada (2010 e 2011)	(160)
(c) Valor contábil: c = a − b	840
(d) Valor residual	300
(e) Valor depreciável: e = c − d	540
(f) Nova estimativa de vida útil (anos)	4
(g) Depreciação anual: g = e / f	135

Portanto, no terceiro ano, a nova depreciação a ser considerada no balanço patrimonial e na DRE é de $ 135, conforme abaixo.

BALANÇO PATRIMONIAL

Ativo não circulante	2010	2011	2012
	$	$	$
Imobilizado			
Máquinas	1.000	1.000	1.000
(−) Depreciação acumulada	(80)	(160)	(295)
Subtotal do ativo não circulante	920	840	705

DEMONSTRAÇÃO DO RESULTADO DO EXERCÍCIO

Barroso & Coutinho S/A – Demonstração do resultado do exercício em 31/12/2012	
Contas de resultado (receitas e despesas)	$ mil
Receita (venda) operacional líquida	–
(–) Custo dos produtos vendidos (CPV):	–
Mão de obra + energia elétrica etc.	–
Depreciação da máquina injetora	(135)
(=) Lucro bruto	–
(–) Despesas operacionais	
(=) Lucro líquido	–

O processo de reconhecimento da depreciação pode sofrer uma aceleração em virtude do uso intensivo dos equipamentos, quando há um desgaste pelo uso em regime de operação superior ao normal, e em virtude da existência de incentivos fiscais.

Em função do número de horas diárias de operações, haverá aplicação de um coeficiente de depreciação acelerada sobre as taxas normais utilizadas, conforme apresentado a seguir:

❏ para dois turnos de oito horas cada um = 1,5 × taxa normal;
❏ para três turnos de oito horas cada um = 2 × taxa normal.

A depreciação acelerada incentivada, como o próprio nome indica, constitui um incentivo fiscal. O objetivo do governo, ao conceder esse tipo de benefício, é incentivar as empresas a ampliar e modernizar seus equipamentos industriais, tornando-os mais eficientes do ponto de vista tecnológico. Consiste na adoção de uma taxa adicional de depreciação, além daquela registrada na contabilidade. Em outras palavras, a depreciação normal ou a acelerada por uso intensivo pode conviver com a depreciação acelerada incentivada.

A depreciação será deduzida pela pessoa jurídica que suportar o encargo econômico do desgaste ou obsolescência, de acordo com as condições de controle do bem. A conta de depreciação acumulada é uma conta retificadora do valor do bem e o montante acumulado de depreciação não poderá ultrapassar o custo de aquisição do bem.

Considera-se valor contábil líquido (VCL) do bem seu valor diminuído da depreciação acumulada correspondente. Esse conceito representa uma importante referência, do ponto de vista contábil, sendo considerado, por exemplo, para efeito de apuração do resultado derivado de outras receitas e outras despesas operacionais (extraordinárias ou pouco comuns à atividade normal da empresa) quando da alienação de itens do ativo não circulante. Observemos o exemplo a seguir.

Uma empresa possui equipamentos em seu imobilizado, assim registrados no balanço patrimonial:

Equipamentos	$ 6.900.000,00
(–) Depreciação acumulada	$ (800.000,00)
(=) Valor contábil líquido	$ 6.100.000,00

Se o bem for vendido por valor superior ao seu valor contábil líquido, a contabilidade registrará um lucro (ganho de capital) em outras receitas operacionais; caso contrário (venda por valor inferior ao valor contábil), registrará um prejuízo (perda de capital) em outras despesas operacionais. Então:

Preço de venda	$ 7.100.000,00
(–) Valor contábil líquido	$ (6.100.000,00)
(=) Valor contábil líquido	$ 1.000.000,00

É importante observarmos que a taxa anual a ser aplicada deve ser proporcional ao número de meses de utilização do equipamento no período considerado, sendo levado em conta o regime de competência.

Amortização

A Lei nº 6.404/1976, em seu art. 183, §2º, alínea "b", define a amortização como a

> perda do valor do capital aplicado na aquisição de direitos de propriedade industrial ou comercial e quaisquer outros com existência ou exercício de duração limitada, ou cujo objetivo sejam bens de utilização por prazo legal ou contratualmente limitado.

Na prática, compreende a importância correspondente à recuperação do capital aplicado em ativos intangíveis, ou dos recursos aplicados em despesas que contribuam para a formação do resultado de mais de um exercício social, a serem lançadas como custo ou despesa, tais como:

❑ direitos contratuais de exploração;
❑ marcas e patentes;
❑ fórmulas ou processos de fabricação;
❑ direitos autorais, autorizações ou concessões.

Somente poderão ser amortizados os bens móveis e imóveis intrinsecamente relacionados à produção e à comercialização de bens e serviços.

O montante acumulado da amortização não poderá ultrapassar o custo de aquisição do bem ou direito ou o valor das despesas. Se a existência ou o exercício do direito – ou a utilização do bem – terminar antes da amortização integral de seu custo, o saldo não amortizado constituirá encargo do período em que se extinguir o direito ou terminar a utilização do bem.

Exaustão

O procedimento de exaustão representa a perda de valor que sofrem as imobilizações vinculadas aos processos exploração e que se esgotam no decorrer do tempo, tais como as reservas minerais (jazidas) e vegetais (florestas). De forma simples, pode ser visto como a recuperação do valor de investimentos necessários à exploração de recursos naturais. Na proporção em que os recursos minerais vão se exaurindo, faz-se o registro da cota de exaustão.

As taxas anuais serão determinadas em função de:

❑ volume de produção no período e sua relação com a possança conhecida (reserva potencial de exploração determinada por estudos geológicos);
❑ prazo de concessão dado pela autoridade governamental, quando for o caso (exploração de recursos minerais).

O resultado financeiro: receitas financeiras versus despesas financeiras

O resultado financeiro representa, dentro do conjunto das despesas operacionais, a confrontação entre receitas e despesas financeiras, como definidas a seguir.

Receitas financeiras

Consideram-se receitas financeiras os ganhos operacionais derivados de operações financeiras. São exemplos de receitas financeiras:

❑ juros e descontos ativos;
❑ rendimentos de aplicações financeiras de renda fixa;
❑ variações monetárias ativas etc.

As receitas financeiras devem ser incluídas no lucro operacional e, quando derivadas de operações ou títulos com vencimento posterior ao encerramento do período de apuração do imposto, deverão ser rateadas pelos períodos a que competirem. Os juros produzidos por títulos de crédito podem ser tanto originados por atraso no recebimento de créditos da empresa quanto por aplicações financeiras, tais como aquisição de títulos de renda fixa (letras de câmbio, certificados de depósito bancário etc.) e cotas de fundos de investimentos financeiros.

Despesas financeiras

Consideram-se despesas financeiras os encargos operacionais, taxas e impostos derivados de operações financeiras. São exemplos desse tipo de despesa:

❑ juros passivos;
❑ descontos de títulos de crédito;
❑ variações monetárias passivas etc.

São denominados juros passivos aqueles cobrados por terceiros à pessoa jurídica, decorrentes de empréstimos contraídos por ela ou de atraso no pagamento de suas obrigações.

Variações monetárias

São originadas na atualização dos direitos de crédito e das obrigações em função de taxa de câmbio ou de índices ou coeficientes aplicáveis por disposição legal ou contratual dos direitos de crédito da empresa, assim como os ganhos cambiais e monetários realizados no pagamento de obrigações.

As variações monetárias se dividem em:

❑ *ativas* – consideradas receitas financeiras;
❑ *passivas* – consideradas despesas financeiras.

Variações monetárias ativas

As variações monetárias ativas correspondem à atualização monetária de direitos de crédito de propriedade da pessoa jurídica por força de lei ou de contrato, representando ganhos para a empresa.

As principais variações monetárias ativas são:

❑ atualização dos créditos em moeda estrangeira registrada em qualquer data e apurada no encerramento do período em função da taxa vigente;
❑ compra ou venda de moeda ou valores expressos em moeda estrangeira, efetuadas em conformidade com a legislação sobre câmbio.

Vejamos alguns exemplos de aplicação dos conceitos.

1. Em 30/11/20X0, a empresa efetuou vendas a prazo para o exterior nas seguintes condições:
❑ valor da venda: US$ 500.000,00;
❑ valor do dólar em:
30/11/20X0 = R$ 2,25;
31/12/20X0 = R$ 2,30.

a) Qual o valor da receita de vendas?

A receita de vendas, pelo regime de competência, deve ser reconhecida no mês de ocorrência do fato gerador, ou seja:

Receita de vendas (exterior) = US$ 500.000,00 × R$ 2,25 = R$ 1.125.000,00.

b) Qual o valor da variação monetária a ser reconhecida em 31/12/20X0?

Inicialmente, temos de calcular a variação do valor de câmbio no período considerado:

Variação do câmbio = R$ 2,30 − R$ 2,25 = R$ 0,05.

Assim, o valor da variação monetária será de: US$ 500.000,00 × R$ 0,05 = R$ 25.000,00, a ser considerada variação monetária ativa, tendo em vista representar um ganho financeiro em virtude de uma alteração para mais do valor correspondente da moeda nacional. De forma prática, a receita auferida em moeda nacional sofrerá um acréscimo.

2. A empresa tem o valor de US$ 200.000,00 na conta financiamentos no exterior em 31/12/20X0. Esse valor se refere a uma linha de crédito obtida em 30/11/20X0, nas seguintes condições:

❑ valor do empréstimo: US$ 200,000.00;
❑ valor do dólar em:
30/11/20X0 = R$ 2,25;
31/12/20X0 = R$ 2,20.

Qual o valor da atualização monetária a ser contabilizado em 31/12/20X0?

A atualização monetária se resume ao valor da variação da dívida no período:

Em 31/12/20X0 = US$ 200.000,00 × R$ 2,20 = R$ 440.000,00.

Em 30/11/20X0 = US$ 200.000,00 × R$ 2,25 = R$ 450.000,00.

Ganho cambial = R$ 10.000,00 – assim considerado tendo em vista representar uma diminuição do valor em moeda nacional da dívida a ser paga.

Variações monetárias passivas

As variações monetárias passivas correspondem à atualização monetária de obrigações creditícias da pessoa jurídica por força de lei ou de contrato, representando perdas para a empresa.

As principais variações monetárias passivas são:

- atualização dos créditos em moeda estrangeira, registrada em qualquer data e apurada no encerramento do período em função da taxa vigente;
- compra ou venda de moeda ou de valores expressos em moeda estrangeira, efetuada em conformidade com a legislação sobre câmbio.

Vejamos a operação a seguir.

Em 30/6/200X, uma empresa consegue uma linha de crédito no exterior a ser quitada em 30/9/200X nas seguintes condições:

- valor do empréstimo: US$ 350.000,00;
- valor do dólar em:
  30/6/200X = R$ 2,18;
  30/9/200X = R$ 2,23.

a) Qual o valor a ser contabilizado como financiamento em moeda nacional?

O valor do financiamento, pelo regime de competência, deve ser reconhecido no mês de ocorrência do fato gerador, ou seja:

Financiamento = US$ 350.000,00 × R$ 2,18 = R$ 763.000,00.

b) Qual o valor da atualização monetária a ser contabilizado em 30/9/200X?

A atualização monetária se resume ao valor da variação da dívida no período:

Em 30/9/200X = US$ 350.000,00 × R$ 2,23 = R$ 780.500,00.

Em 30/6/200X = US$ 350.000,00 × R$ 2,18 = R$ 763.000,00.

Perda cambial = R$ 17.500,00 – assim considerada tendo em vista representar um aumento do valor em moeda nacional da dívida a ser paga.

Os juros referentes a linhas de crédito ou parcelas de longo prazo geram, para efeito de contabilização, registros contábeis conhecidos como provisões. Esse conceito deve ser corretamente compreendido e não deve ser confundido com itens qualificados como ativos ou passivos contingentes, nosso próximo assunto.

Provisão, passivo contingente e ativo contingente

De acordo com a NBC TG 25, as provisões devem ser distinguidas de outros aspectos contingentes nos registros contábeis, pois as contingências representam situações particulares que nem sempre serão expressos nas demonstrações contábeis.

Provisão

Uma provisão é uma obrigação presente da empresa (passivo) caracterizada por ter prazo ou valor de liquidação incerto, razão pela qual se distingue de outros passivos, tais como contas a pagar. Além disso, deve ser provável que haja uma saída de recursos para sua liquidação e tenha uma estimativa confiável de valor. No caso de não serem atendidos quaisquer desses pressupostos, não se deve constituir nenhuma provisão. Como exemplo, temos a provisão para contingências derivadas de ações judiciais.

Como regra geral, as demonstrações contábeis tratam de uma posição atual relativa aos efeitos patrimoniais de eventos já ocorridos no decorrer das operações da empresa. Dessa forma, observando o regime de competência, não se admite a formação de provisões para despesas ainda não incorridas.

É o caso dos gastos relativos a um contrato de fornecimento que se prolongue por um determinado prazo. Os gastos que se referirem aos fornecimentos ainda não realizados não devem compor nenhum tipo de obrigação do ponto de vista contábil. A obrigação de fornecimento, pela ótica jurídica e derivada de cláusulas contratuais, permanece válida.

Ao se tratar de uma provável saída de recursos, observa-se que a probabilidade de ocorrer tal fato deve ser, evidentemente, maior de que a de não ocorrer. E, caso nenhuma estimativa confiável possa ser feita, não haverá a possibilidade de reconhecer a provisão, surgindo a situação que se caracteriza como um passivo contingente.

Passivos contingentes

Os passivos contingentes não devem ter seus efeitos reconhecidos no balanço patrimonial da empresa, mas devem ser divulgados por ela quando seus efeitos são considerados relevantes. No momento em que esses passivos adquirirem as condições necessárias ao reconhecimento de provisões, os procedimentos inerentes devem ser adotados a fim de permitir melhor informação ao interessado nos relatórios contábeis. Como exemplo de passivo contingente, temos o resultado de ações judiciais contra a empresa cujos resultados tenham remota possibilidade de gerar obrigações de indenizar terceiros.

Ativos contingentes

Da mesma forma que os passivos contingentes, os ativos contingentes não devem ser reconhecidos nas demonstrações contábeis da entidade e também devem ser divulgados quando seus efeitos patrimoniais são considerados relevantes. Por exemplo, os resultados de ações judiciais que possuem remota possibilidade de gerar ganhos para a empresa devem ser tratados como ativos dessa natureza.

Além dos ativos contingentes, alguns ativos necessitam de um tratamento contábil específico. É o caso dos chamados ativos biológicos e produtos agrícolas.

Ativos biológicos e produtos agrícolas

Um ativo biológico é um animal ou planta, ambos vivos, e o produto agrícola é o produto gerado e colhido de ativo biológico da entidade.

O CPC, em seu Pronunciamento nº 29, menciona que o reconhecimento de um ativo biológico deve ocorrer somente quando:

- ❏ há controle do ativo como resultado de eventos passados – é o caso de propriedade legal de animais em que os benefícios futuros são gerados em função de modificações físicas significativas, cujos fatos geradores foram ocasionados pelo proprietário;
- ❏ é provável que os benefícios econômicos futuros associados ao ativo fluam para a entidade – ainda no caso da criação de animais, os ganhos relativos à comercialização serão reconhecidos como receitas do período em que ocorrerem as transações;
- ❏ o valor do ativo puder ser mensurável de forma confiável – no caso da produção de animais e produtos agrícolas, essa valoração acontece em função de um mercado já organizado e funcionando normalmente.

Por exemplo, em uma empresa cuja atividade seja exploração pecuária, o rebanho existente deverá ser classificado de acordo com o tipo de criação e finalidade:

- ❏ no ativo circulante (estoque) – nesse grupo de contas, são classificadas as disponibilidades, os direitos realizáveis no

curso do exercício social subsequente e as aplicações de recursos em despesas do exercício seguinte. Dessa forma, os rebanhos que se destinam à venda ou ao consumo serão registrados nessa conta e ficarão sujeitos à avaliação de estoque. Como exemplo, temos o gado de corte;
- no ativo não circulante (imobilizado) – nesse subgrupo estarão os animais com as seguintes naturezas:
    - gado reprodutor: bovinos, suínos, ovinos, equinos e outros destinados à reprodução. É o caso de touros reprodutores;
    - rebanho de renda: bovinos, suínos, ovinos, equinos e outros que a empresa utiliza para produção de bens que constituem objeto de suas atividades. Nesse caso, observamos bovinos para a produção de leite e ovinos para a produção de lã;
    - animais de trabalho: equinos, bovinos, muares, asininos destinados a trabalhos agrícolas, sela e transporte. É a classificação recebida por animais empregados na aradura da terra.

Em decorrência da classificação no ativo não circulante – imobilizado –, esses itens ficam sujeitos à depreciação a partir do momento em que estiverem em condições de produzir ou em que forem postos em funcionamento ou condições de uso.

Os registros das alterações patrimoniais fundamentados no regime de competência consideram os períodos em que ocorrem os fatos geradores. Assim, todos os conceitos vistos devem considerar a distribuição dos seus efeitos sobre os resultados da empresa ao longo do tempo. É o assunto a ser tratado em seguida.

Apropriação pro rata temporis

Pro rata temporis é uma locução latina que significa proporcional ao tempo, ou seja, calculado em função do tempo decorrido. Tal proporcionalidade pode ser utilizada na contabilidade tanto nas receitas quanto nas despesas. A *pro rata* está muito ligada ao conceito de regime de competência, ou seja, reconhecem-se as receitas e despesas nos períodos (meses) em que ocorrem seus respectivos fatos geradores.

Vamos a um exemplo para melhor esclarecer.

A empresa fez um contrato de seguros que abrange o período de 1/8/20X8 a 31/7/20X9 (12 meses), pago totalmente em 1/8/20X8, no valor de $ 2.400. Qual é o valor a ser considerado como despesa de seguros em 31/12/20X8?

Tendo por base os fatos contábeis apresentados, devemos reconhecer, pelo regime de competência, que 5/12 de despesa de seguros e os 7/12 restantes ficam no ativo circulante – seguros a vencer = $ 1.400, pois serão despesa no próximo ano. A cada mês reconhecemos a despesa de $ 200, que corresponde a 1/12.

Cálculos:

$ 2.400 / 12 = $ 200 (1/12) (cota mensal: despesa).

$ 200 × 5 = $ 1.000 (despesas incorridas de 1/8 a 31/12/20X8 – 5 meses).

A proporcionalidade (*pro rata temporis*) foi utilizada de 5/12, ou seja, do início do mês de agosto, até 31 de dezembro de 20X8. Os 7/12 que, em valores monetários, representam $ 1.400, tornar-se-ão despesas ao longo do próximo período de 1/1 até 31/7/20X9.

No balanço patrimonial de 31/12/20X8 ficaria a seguinte posição:

Ativo			
	31/7/20X8	1/8/20X8	31/12/20X8
Caixa e equivalentes de caixa	12.400	10.000	10.000
Seguros a vencer	0	2.400	1.400

Podemos utilizar esse conceito também para as receitas, caso a empresa opte, por exemplo, por uma aplicação financeira em um certificado de depósito bancário (CDB) cujo reconhecimento dos juros se dará a cada período incorrido.

O conhecimento da informação contábil e a compreensão da importância de seu uso no processo decisório devem ficar explícitos aos leitores deste livro. Entretanto, a aplicação prática dessas informações por vezes é refém do entendimento de que essa utilização deve se dar dentro de um determinado contexto com características singulares, derivadas seja da intenção da utilização, seja das particularidades inerentes às variáveis ambientais de cada empresa.

Integração do balanço patrimonial com as demais demonstrações contábeis

Para que haja uma visão completa da integração do balanço patrimonial às demais demonstrações contábeis vistas ao longo do livro, vamos a um exemplo.

A empresa Barroso & Coutinho S/A registrou os seguintes fatos contábeis no exercício de 2012:

Fato nº	Fatos contábeis ocorridos em: 1/1 a 31/12/2012	$ mil
1	Aporte de capital em dinheiro pelos acionistas.	100
2	Feita a baixa dos estoques pelas vendas efetuadas no balanço patrimonial, em seguida foi reconhecido o CMV na demonstração de resultado: CMV = EI + C – EF [considere o estoque final (EF) igual a $ 136]. CMV = 170 + 0 – 136 Considere as vendas à vista.	34 134
3	Foram registradas despesas pagas no período, referentes à publicidade.	26

Continua

Fato nº	Fatos contábeis ocorridos em: 1/1 a 31/12/2012	$ mil
4	Pagamento de parte do saldo das mercadorias adquiridas em 2011.	60
5	Aquisição de máquinas (de uso não industrial) 1/4/2012 (o uso do bem ocorreu no mesmo momento da aquisição) à vista (valor do bem + frete + instalação). Foi considerado, para essa máquina, um valor residual.	130 50
6	Pagamento dos dividendos do ano 2011 (vide balanço).	10
7	Recebimento parcial das duplicatas do ano 2011.	28
8	Foram apropriadas despesas com salários a pagar.	22
9	Pagamento da conta patrimonial salários a pagar de 2011 (ver balanço).	50
	Observações: Antes de efetuarmos os registros 10 e 11, devemos calcular a depreciação da conta máquinas (ver tabela para os cálculos na próxima página). Sobre o lucro líquido do período foram constituídas as seguintes reservas:	
10	Legal. 5 %	1,00
11	Estatutária. 19 %	3,80
12	Todo lucro excedente, após a constituição das reservas, será distribuído integralmente aos acionistas em 2013.	15,20

Balanço patrimonial

Barroso & Coutinho S/A – Balanço patrimonial em 31/12 ($ mil)

Ativo	2012	2011	Passivo e patrimônio líquido	2012	2011
Ativo circulante			Passivo circulante		
Caixa e equivalentes de caixa	46	60	Fornecedores	20	80
Duplicatas a receber	92	120	Salários a pagar	22	50
Estoques	136	170	Empréstimos bancários	20	20
			Dividendos	15,2	10
Subtotal do ativo circulante	274	350	Subtotal do passivo circulante	77,2	160

Continua

Barroso & Coutinho S/A – Balanço patrimonial em 31/12 ($ mil)					
Ativo	2012	2011	Passivo e patrimônio líquido	2012	2011
Ativo não circulante			Patrimônio líquido		
Imobilizado			Capital social	370	270
Máquinas	250	120	Reserva legal	17,00	16
(–) Depreciação acumulada	(52)	(20)	Reservas estatutárias	7,80	4
Subtotal do ativo não circulante	198	100	Subtotal do patrimônio líquido	394,8	290
Total do ativo	472	450	Total do passivo e patrimônio líquido	472	450

Obs.: considere cinco anos como vida útil estimada para as máquinas. Para as máquinas antigas, o valor residual estimado, ao final da vida útil, é $ 20; para as máquinas novas é $ 50.

Depreciação – Cálculo das taxas (%) referente às máquinas antigas e à máquina nova	
Máquinas antigas (MA) e máquina nova (MN)	
%	100
Anos	5
	20% a.a.
Máquina nova (MN)	
%	Meses
20	12
15	9 (1/4 a 31/12/2012)

Bem: máquinas antigas (MA)	$	Bem: máquina nova (MN)	$
a) Valor de custo (aquisição)	120	a) Valor de custo (aquisição)	130
b) Valor residual	20	b) Valor residual	50
c) Valor depreciável c = (a – b)	100	c) Valor depreciável c = (a – b)	80
d) Taxa de depreciação (%)	20	d) Taxa de depreciação (%)	15
e) Valor depreciado (vai para a DRE)	20	e) Valor depreciado (vai para a DRE)	12

↓ ↓

Continua

Depreciação acumulada	Balanço	Depreciação acumulada	Balanço
Despesa com depreciação	DRE	Despesa com depreciação	DRE

Demonstração do Resultado do Exercício

Barroso & Coutinho S/A – Demonstração do resultado do exercício em 31/12/2012

Contas de resultado (receitas e despesas)	Fato nº	$ mil	$ mil
Receita (venda) operacional líquida	2		134
Custo das mercadorias vendidas (CMV = EI + C − EF)	2		(34)
(=) Lucro bruto			100
(−) Despesas operacionais:			
Publicidade	3	(26)	
Despesas com salários	8	(22)	
Depreciação das máquinas antigas	Obs.	(32)	(80)
Lucro líquido			20

Demonstração da Mutação do Patrimônio Líquido

Barroso & Coutinho S/A – Demonstração das mutações do patrimônio líquido em 31/12/2012

Patrimônio líquido	Capital social	Reserva legal	Reservas estatutárias	Lucros (prejuízos) acumulados	Total do PL
Saldo final em 31/12/2011	270	16	4	0	290
Aumento do capital	100				100
Lucro em 31/12/2012				20	20
Destinação do lucro:					
Reserva legal – 5%		1		(1)	0

Continua

Reservas estatutárias – 19%		3,8	(3,8)	0
Dividendos			(15,2)	(15,2)
Saldo final em 31/12/2012	370	17	7,8	0	394,8

FLUXOS DE CAIXA – MODELO DIRETO

Barroso & Coutinho S/A – Fluxo de caixa (cash flow) – em 31/12/2012 ($ mil)		
	Fato nº	$
a) Atividades operacionais:		
(+) Vendas à vista do período	2	134
(–) Publicidade	3	(26)
(–) Pagamento a fornecedores – compras	4	(60)
(+) Recebimento de duplicatas do ano 2011	7	28
(–) Salários	9	(50)
(=) Caixa gerado/(consumido) nas atividades operacionais		26
b) Atividades de investimentos:		
(–) Aquisição de imobilizado – máquinas	5	(130)
(=) Caixa gerado/(consumido) nas atividades de investimentos		(130)
c) Atividades de financiamentos:		
(+) Aporte de capital	1	100
(–) Dividendos de 2011	6	(10)
(=) Caixa gerado/(consumido) nas atividades de financiamentos		90
(=) Aumento ou diminuição líquido ao caixa e equivalentes de caixa (a + b + c)		(14)
(+) Caixa e equivalentes de caixa no início do período		60
(=) Caixa e equivalentes de caixa no final do período 2012		46

CONTROLE INDIVIDUAL – BALANÇO PATRIMONIAL: ATIVO, PASSIVO E PATRIMÔNIO LÍQUIDO

ATIVO

Duplicatas a receber	Fato nº	$
Saldo inicial de balanço – 2011		120
Recebimento parcial	7	(28)
Saldo final de balanço – 2012		92

Estoques	Fato nº	$
Saldo inicial de balanço – 2011		170
CMV =170 + 0 – 136	2	(34)
Saldo final de balanço – 2012		136

Máquinas	Fato nº	$
Saldo inicial de balanço – 2011		120
Aquisição de máquinas	5	130
Saldo final de balanço – 2012		250

Depr. acum. das máquinas (*)	Fato nº	$
Saldo inicial de balanço – 2011		(20)
Máquinas antigas	Obs.	(20)
Máquina nova	Obs.	(12)
Saldo final de balanço – 2012		(52)

(*) Depreciação acumulada: é uma conta redutora do imobilizado.

PASSIVO

Fornecedores	Fato nº	$
Saldo inicial de balanço – 2011		80
Pagamento de compras	4	(60)
Saldo final de balanço – 2012		20

Salários a pagar	Fato nº	$
Saldo inicial de balanço – 2011		50
Apropriação	8	22
Pagamento	9	(50)
Saldo final de balanço – 2012		22

Empréstimos bancários	Fato nº	$
Saldo inicial de balanço – 2011		20
Saldo final de balanço – 2012		20

Dividendos a pagar	Fato nº	$
Saldo inicial de balanço – 2011		10
Pagamento de 2011	6	(10)
Dividendos	12	15,20
Saldo final de balanço – 2012		15,20

Patrimônio Líquido

Capital social	Fato nº	$
Saldo inicial de balanço – 2011		270
Aporte (injeção) de capital	1	100
Saldo final de balanço – 2012		370

Reserva legal	Fato nº	$
Saldo inicial de balanço – 2011		16
Reserva legal 2012	10	1
Saldo final de balanço – 2012		17

Reservas estatutárias	Fato nº	$
Saldo inicial de balanço – 2011		4
Reservas estatutárias 2012	11	3,8
Saldo final de balanço – 2012		7,8

Lucros (ou prej.) acumulados	Fato nº	$
Saldo inicial de balanço – 2011		0
Lucro líquido de 2012	DRE	20
Reserva legal 2012	10	(1)
Reservas estatutárias 2012	11	(3,8)
Dividendos 2012	12	(15,2)
Saldo final de balanço – 2012		0

Conclusão

Este livro teve por objetivo mostrar a necessidade premente de implementar um sistema de informações e controles internos eficazes na geração de um banco de dados, nos diversos níveis hierárquicos da organização, capazes de proporcionar tomadas de decisão eficientes.

Sabemos que a cultura brasileira, em muitos casos, promove a elisão fiscal como o principal objetivo. Mas, por outro lado, a mensuração da evolução do negócio, descrita em um sistema gerencial com elevado teor de informalidade, exige organização e precisão na quantificação do lucro desejado pelos empreendedores.

A prática contábil-financeira, em sistema de registros de partidas dobradas, conduz fatos que, enquadrados na legislação em vigor e nas normas contábeis, finalizam informações que permitem avaliar as decisões dos gestores das empresas. A decisão efetiva promove a produtividade, que, por extensão, elege a competitividade. Nesse sentido, descrevemos, entre outros conceitos, os paradigmas que orientam a gestão empresarial na busca da remuneração do capital investido: o lucro.

A crescente competitividade não mais permite gestão amadora. Um fluxo de informações contábeis, acionado por intermédio de um plano de contas ajustado à atividade econômica, proporcionará demonstrações econômicas e financeiras fundamentais no planejamento e acompanhamento da evolução patrimonial.

De fato, é inegável a importância da contabilidade financeira na tomada de decisões, principalmente na elaboração de relatórios como: fluxos de caixa, avaliação e identificação da necessidade do capital de giro, ciclos operacional e financeiro.

Enfim, procuramos neste livro incorporar práticas de forma simples e acessível, com o intuito de contribuir com os empreendedores, gestores e profissionais que necessitam de melhor entendimento dessas ferramentas.

Referências

ALMEIDA, Marcelo Cavalcanti. *Princípios fundamentais de contabilidade e normas brasileiras de contabilidade*. São Paulo: Atlas, 2000.

BRAGA, Zuinglio José Barroso. *Estudo de avaliação de desempenho financeiro de empresas, através da análise de coeficientes de suficiência e eficiência, elaborados a partir da demonstração do fluxo de caixa: modelo indireto*. 2001. Dissertação (mestrado em ciências contábeis e financeiras) – Pontifícia Universidade Católica de São Paulo, São Paulo, 2001.

_____. *Gestão de fluxo de caixa*: um estudo dos indicadores de suficiência e eficiência do fluxo de caixa, modelo indireto, da Indústria Têxtil Guararapes S.A. – período 2008-2010. 2011. Tese (doutorado em administração) – Florida Christian University, Orlando, FL, 2011.

BRASIL, Haroldo Vinagre Filho. *Gestão financeira das empresas*: um modelo dinâmico. Rio de Janeiro: Qualitymark, 1991.

BRASIL. Lei nº 6.404/1976: dispõe sobre as sociedades por ações. Brasília, DF: *Diário Oficial da União*, 17 dez. 1976. Suplemento.

_____. Lei nº 11.638/2007: altera e revoga dispositivos da Lei nº

6.404, de 15 de dezembro de 1976, e da Lei nº 6.385, de 7 de dezembro de 1976, e estende às sociedades de grande porte disposições relativas à elaboração e divulgação de demonstrações financeiras. Brasília, DF: *Diário Oficial da União*, 28 dez. 2007.

_____. Lei nº 11.941/2009: altera a legislação tributária federal relativa ao parcelamento ordinário de débitos tributários. Brasília, DF: *Diário Oficial da União*, 27 maio 2009.

COMISSÃO DE VALORES MOBILIÁRIOS (CVM). Instrução CVM nº 59, de 22 de dezembro de 1986: dispõe sobre a obrigatoriedade de elaboração e publicação da demonstração das mutações do patrimônio líquido pelas companhias abertas. Rio de Janeiro: CVM, 1986.

_____. *Deliberação CVN nº 29/1986*. Rio de Janeiro: CVM, 1986. Disponível em: <www.cvm.gov.br/asp/cvmwww/atos/exiato.asp?File=/deli/deli029.htm>. Acesso em: 10 dez. 2013.

_____. *Ofício Circular CVM/SNC/SEP nº 01/2007*. Rio de Janeiro: CVM, 2007.

COMITÊ DE PRONUNCIAMENTOS CONTÁBEIS (CPC). *Pronunciamento técnico CPC 09*: – Demonstração do Valor Adicionado. Brasília, DF: CPC, 2008.

_____. *Pronunciamento técnico CPC 29* – Ativo biológico e produto agrícola. Brasília, DF: CPC, 2009.

_____. *Pronunciamento técnico CPC 03 (R2)* – Demonstração dos fluxos de caixa. Brasília, DF: CPC, 2010.

_____. *Pronunciamento técnico CPC 26 (R1)* – Apresentação das demonstrações contábeis. Brasília, DF: CPC, 2011a.

_____. *Pronunciamento conceitual básico CPC 00 (R1)* – Estrutura conceitual para elaboração e divulgação de relatório contábil-financeiro. Brasília, DF: CPC, 2011b.

CONSELHO FEDERAL DE CONTABILIDADE (CFC). Resolução CFC nº 750/1993: dispõe sobre os princípios fundamentais de contabilidade. Brasília, DF: *Diário Oficial da União*, 31 dez. 1993.

_____. Resolução CFC nº 1.157/2009: aprova o Comunicado Técnico CT 03 – Esclarecimentos sobre as demonstrações contábeis de 2008. Brasília, DF: *Diário Oficial da União*, 17 fev. 2009a.

_____. Resolução CFC nº 1.159/2009: aprova o Comunicado Técnico CT 01 que aborda como os ajustes das novas práticas contábeis adotadas no Brasil devem ser tratados. Brasília, DF: *Diário Oficial da União*, 4 mar. 2009b.

_____. Resolução CFC nº 1.296/2010: aprova a NBC TG 03 – Demonstração dos fluxos de caixa. Brasília, DF: *Diário Oficial da União*, 7 out. 2010a.

_____. Resolução CFC nº 1.170/2009, alterada pela Resolução CFC. nº 1.273/2010, que aprova a NBC TG 16 – Estoques. Brasília, DF: *Diário Oficial da União*, 7 out. 2010b.

_____. Resolução CFC nº 1.177/2009: aprova a NBC TG 27 (R1) – Ativo imobilizado. Brasília, DF: *Diário Oficial da União*, 20 dez. 2013.

EQUIPE ATLAS. *Lei das Sociedades por Ações*. São Paulo: Atlas, 2007.

FIPECAFI/ARTHUR ANDERSEN. *Normas e práticas contábeis no Brasil*. São Paulo: Atlas, 1994.

FLORENTINO, Américo Mateus. *Análise contábil*. Rio de Janeiro: FGV, 1984.

GUSMÃO, Mônica. *Lei das Sociedades Anônimas* – 6.404/76. [s.l.]: Roma Victor, 2002.

IUDÍCIBUS, S.; MARTINS, Eliseu; GELBCKE, E. R. *Manual de contabilidade das sociedades por ações*. São Paulo: Atlas, 2007.

MARION, José Carlos. *Contabilidade empresarial*. São Paulo: Atlas, 2012.

NEPOMUCENO, F. *Dicionário dos fatos contábeis*. São Paulo: Thomson, 2004.

PEREZ JÚNIOR, José Hernandez; BEGALI, Glauco Antonio. *Elaboração e análise das demonstrações contábeis*. 4. ed., 2. tir. São Paulo: Atlas, 2009.

RIBEIRO, Osni Moura. *Contabilidade avançada*. São Paulo: Saraiva, 2012.

SÁ, Antonio Lopes de. *Plano de contas*. São Paulo: Atlas, 2002.

_____. *Fundamentos da contabilidade geral*. 2. ed. Curitiba: Juruá, 2005.

SANTOS, Ariovaldo dos. *Demonstração do valor adicionado*: como elaborar e analisar a DVA. São Paulo: Atlas, 2003.

VENOSA, Silvio de Salvo. *Novo Código Civil*. São Paulo: Atlas, 2002.

Os autores

Átimo de Souza Coutinho

Mestre em ciências contábeis pela Universidade do Estado do Rio de Janeiro (Uerj), graduado em ciências navais pela Escola Naval. Realizou diversos trabalhos de consultoria em empresas brasileiras e multinacionais. Possui experiência em treinamento empresarial nas áreas de contabilidade e administração financeira. Professor convidado do FGV Management. Possui trabalhos publicados no Brasil e no exterior, na área de controle gerencial.

Claudio de Carvalho Mattos

Mestre e graduado em ciências contábeis pela Uerj e em ciências navais pela Escola Naval. Gestor de execução financeira e orçamentária do Comando da Marinha, com larga experiência em implantação de sistemas de informações gerenciais. Professor convidado do FGV Management e docente em várias instituições de graduação em ciências contábeis.

Paulo Henrique Lopes da Fonseca

Especialista em finanças empresariais e ciências contábeis pela Fundação Getulio Vargas (FGV). Graduado em ciências contábeis pela Universidade Gama Filho. Auditor externo pelo Instituto dos Auditores Independentes do Brasil (Iaib). Coordenador de auditoria, comprovação e acompanhamento de projetos, precificação de empresas e capital de risco no BNDES/Bndespar. Consultor contábil da Telebras e Petrobras. Professor convidado do FGV Management. Docente em várias instituições de graduação em ciências contábeis do Rio de Janeiro. Consultor no Brasil e no exterior.

Zuinglio José Barroso Braga

Doutor em administração de negócios pela Florida Christian University (Orlando, Flórida), mestre em ciências contábeis e financeiras pela Pontifícia Universidade Católica de São Paulo (PUC-SP). Professor de cursos de mestrado e doutorado pela Florida Christian University (FCU-Brasil, Angola e Estados Unidos). Possui experiência em auditoria externa e contabilidade em empresas dos setores industriais e comerciais. Na atividade acadêmica, tem experiência em coordenação de curso e docência em cursos de graduação e pós-graduação. Autor de diversos artigos científicos. Professor convidado do FGV Management.